# ルポ 宗教と子ども

見過ごされてきた児童虐待

毎日新聞取材班 編

明石書店

# はじめに

宗教は何のためにあるんだろう。

あの事件が起きてから、何度もその問いが頭の中を巡っている。

救いのため、善き人生のため、己や世界の成り立ちを知るため。さまざまな答えがありうるだろう。ただ、それは自らの意思で信じるという行為を前提にしている。誰かに強制されるものを信仰と呼べるのだろうか。

二〇二二年七月八日、安倍晋三元首相（当時六七歳）が参院選の応援演説中に銃撃されて死亡した。事件は私たちの社会を大きく揺るがし、今も多くの課題が未解決のままだ。

民主主義の基盤である言論に対する暴力。とりわけ、ローンオフェンダーと呼ばれる特定組織に属さない個人による犯罪は各地で相次ぎ、警察当局はその把握の難しさに直面している。

世界平和統一家庭連合（旧統一教会）と自由民主党を中心とする政治権力との癒着。その中枢にいた安倍元首相が犠牲になったことも影響し、半世紀以上続く根深い関係の解明は不十分なままだ。

旧統一教会の信者による高額献金問題をきっかけに、国会では事件後、宗教法人に対する不当な寄付の勧誘を規制する法律が成立した。さらに、政府は教団への調査や被害者からのヒアリングを経て、宗教法人法に基づく解散命令を裁判所に請求したが、教団側は全面的に争う姿勢を示している。

数々の問題が浮上する中で、私たちが着目したのは宗教による家族の断絶だ。

殺人罪などで起訴された山上徹也被告の母親は旧統一教会の熱心な信者で、教団に一億円を献金して自己破産した。

山上被告は奈良県内でも有数の進学校とされる県立高校を卒業したが、生活苦から大学への進学を諦めた。海上自衛隊に入隊後、自殺未遂を起こして退職し、以降は職を転々としていた。

〈オレが憎むのは統一教会だけだ〉〈統一教会のおぞましさに比べれば多少の政治的逸脱など可愛いものだ〉

山上被告が「silent hill 333」というアカウント名でツイッター（現在のX、以下同）に投稿した内容は、教団への憎悪に満ちている。その半面、家族への複雑な感情もうかがえる。〈オレは作り物だった。父に愛されるため、母に愛されるため、祖父に愛されるため〉〈オレは努力した。母の為に〉――。

宗教二世という言葉がある。親の信仰の影響を受けて育った人たちのことだ。

山上被告が、宗教二世といえるのかどうかは分からない。山上被告自身は、旧統一教会の信者ではなかった。山上被告の成育環境が、殺人という行為の免罪符になるわけでもない。

ただ、事件が宗教二世の存在、その苦しみをあぶり出したのは紛れもない事実だ。

私たちは事件後、毎日新聞大阪本社を拠点に「カルト・宗教取材班」を作り、宗教二世たちが人知れず味わってきた苦難を聞き取り、「声を聞いて──宗教二世──」という連載を始めた。同時に、国や自治体、医療機関などが宗教二世にどう対応してきたか、社会の課題を検証する取材にも取り組み、「宗教と子ども」キャンペーンとしてウェブや紙面で展開した。

本書はそれらの記事をベースに、取材に関わった記者たちの思いや取材の経緯、宗教を巡る社会の動き、用語解説などを大幅に加筆して再構成したものである。年齢や肩書は原則として取材時点のものにし、敬称は省略した。

取材の過程で浮かんできたのは、多くの宗教二世たちが幼少時から心身両面に深い傷を負いながら、救いの手が差し伸べられず、社会の中で「見えない存在」になっていたことだ。

宗教を背景にした児童虐待はなぜ見過ごされてきたのか。どうすれば救いの手は届くのか。本書がその考察を深める一助になることを願っている。

藤田　剛
野口由紀
毎日新聞カルト・宗教取材班

# 目次

序章

# 二発の銃声から

## 「彼」は近くにいた

スマートフォンに表示された文字に一瞬、目を疑った。「安倍元首相が奈良市内で選挙演説中に襲われた」。二〇二二年七月八日午前一一時四〇分ごろ、毎日新聞大阪本社社会部の全部員に、参集を求めるメッセージが送られてきた。

参院選の投開票日を二日後に控え、新聞社では選挙当日に向けた準備が大詰めを迎える時期だ。企画記事などを担当する遊軍担当デスクだった藤田剛は「しばらく休めなくなるな」「選挙紙面はどうなるんだろう」などと考えを巡らせながら、大阪・西梅田にある大阪本社に駆け付けた。

正午前に着いた一四階の編集局フロアでは、既に怒号が飛び交っていた。「短行でもいいので原稿を出して」「写真はあるのか」。いつもなら夕刊の締め切りが過ぎ、記者や編集者の作業が一段落し始める頃である。しかし、この日は急きょトップ記事を差し替え、締め切りを延長する特別体制が組まれた。

藤田は過去に政治家が襲撃された主な事件の一覧表を作り、ウェブと夕刊用に出稿した。現場を管轄する奈良支局からは、襲われた安倍元首相が手当てを受ける様子や、救急車で搬送される様子を捉えた緊迫した写真が次々と送られてきた。

遊軍長の山田毅は若手記者たちに電話を入れた。「とにかく奈良方面へ向かってくれ」。現場に到着した記者たちとやりとりしていると、ツイッターには演説中に銃声が響き、聴衆が悲鳴を上げる様子が流れ始めた。「目撃者を探してくれ」「スマートフォンで撮影している人がいるから動画を入手して」。山田は平常心を保とうと努めたが、知らず知らずのうちに声が大きくなっていた。

入社四年目の高良駿輔は電車で奈良へ向かっていた。「早く着かなくては」と焦る思いで、電車のスピードがいつもより遅く感じた。なぜこんな事件が起きたのか、犯人の動機は何なのか。さまざまなことが頭の中を去来した。

午後一時半ごろ、高良が近鉄大和西大寺駅前に到着すると、これまでに見たことのないくらい多くの報道陣が詰めかけ、上空にはヘリが旋回する音が響いていた。鑑識活動をする奈良県警の捜査員や交通整理をする警察官の合間を縫い、事件の目撃者を探そうと通行人に声をかけ続けた。あまりの事態の大きさに現実感が湧かなかった。

夕刊の第一面に掲載された記事は、事件の衝撃をダイレクトに伝えていた。紙幅いっぱいの横見出しで「安倍元首相　撃たれ心肺停止」の文字。その下には路上に倒れた安倍元首相の大きな写真と、取り押さえられた容疑者、現場の空撮写真が並んでいた。各地の主要駅では新聞の号外が配布された。

逮捕されたのは奈良市内に住む山上徹也、当時四一歳。使われた凶器は一見、望遠レンズの付いたカメラのようにも見える、手づくりの銃だった。

その日、街頭演説会場にとどろいた二発の銃声は、やがて日本の社会を、そして多くの人たちの人生を揺さぶることになる。山上被告がなぜ安倍元首相を狙ったのか。その時はまだ明らかになっていなかった。

## 社会部遊軍のアンテナ

社会部で「遊軍」と呼ばれる部署は、特定の記者クラブに属さない記者たちの集まりである。戦列の外で待機し、状況を見て出動する「遊撃隊」という軍隊用語に由来する。

大阪の社会部で「抜いた」「抜かれた」という特ダネ競争にさらされるのは、事件や行政を取材する記者たちだ。事件記者なら大阪府警や大阪地検などの捜査関係者に夜討ち・朝駆けを繰り返し、行政記者なら大阪維新の会や自民党、公明党などの議員から情報を取ることに神経をすり減らす。

遊軍記者はふだん、個人の問題意識や人脈に基づいて比較的自由に取材しているが、大きな事件や事故、災害などが起きれば真っ先に応援にかり出されるのが宿命だ。一方、遊軍記者の腕が問われるのは、連載企画やキャンペーン取材、調査報道など、新聞社が独自色を出す記事でもある。

銃撃事件が起きた二日後の七月一〇日に投開票された参院選は、自民党が単独で改選過半数の六三議席を得て大勝した。ただ、選挙戦のさなかに起きた凶行の衝撃は消えず、東京・永田町の自民党本部に設けられた開票センターに続々と当選確実の報が届いても、岸田文雄首相は厳しい表情を崩さなかった。

選挙当日も、遊軍記者の多くは事件現場での聞き込みやSNSでの情報収集に追われていた。ただ、発生から一週間が経過する頃には、この事件の大きなテーマが旧統一教会、そして宗教と政治や社会の関係をどう捉えるかであることがはっきりしてきた。

山上被告が「安倍元首相が国内で旧統一教会を広めたと思い、恨んでいた」という趣旨の供述をしたことが明らかになり、教団は七月一一日、東京都内で記者会見を開いた。山上被告の母親が教団に一億円の献金をして二〇〇二年に自己破産し、一家が困窮していたことも判明した。

「なぜ、彼の存在に気付かなかったんだろう」。デスクの藤田には、そのことが引っかかっていた。大阪から奈良へは電車で一時間もかからない距離だ。旧統一教会については一九八〇〜九〇年代、霊感商法による被害や合同結婚式に芸能人が参加したことが話題になったが、最近ではほとんど意識することがなかった。

社会部遊軍のアンテナに引っかからないまま、身近な場所で旧統一教会の信者による高額献金と、家族の破綻が起きていたことはショックだった。

「まずは元信者や家族に取材したいですね」。遊軍記者を束ねる遊軍長の山田がつぶやいた。山田は事件記者としての経歴が長い。かつて、大阪府警で殺人事件などを担当する捜査一課を担当し、事件の被害者や遺族などの当事者を直接取材することの重要性が骨身に染みていた。

山田の指示の下、当事者の取材に先べんを付けたのは、遊軍長を補佐する遊軍サブキャップの野口由紀と、大阪科学環境部から応援に入った菅沼舞である。

野口は社会福祉分野への関心が高く、入社以来、介護や保育、貧困問題などの取材をしてきた。SNSの扱いにも慣れており、旧統一教会の信者で東日本に住む二〇代の男性を見つけ、ツイッターのDM（ダイレクトメール）を通じて接触に成功した。

## 自由恋愛は「殺人より重い罪」

男性は両親が旧統一教会の信者で、生まれた時から教団の名簿に名前があった。両親は「先祖の供養をしないと天国にいけない」という教えを信じて数千万円を献金し、生活に余裕はなかった。男性は奨学金で大学に通ったという。

男性によると、教団では自由恋愛は「殺人より重い罪」だとして禁止され、教団が認めた信者としか結婚できないと聞かされてきた。

ある時、男性が両親に存在を隠していた相手と「結婚したい」と打ち明けると、「もう一回考え直しなさい」と強く言われた。それから何度、結婚の意思を伝えても反対されて諦めるしかなかったという。

菅沼は新聞社では比較的珍しい理系出身の記者だ。大学院では免疫を学び、科学環境部では主に大学や研究者の取材をしている。

菅沼は、妻が信者だったという七〇代の男性に会って話を聞いた。二〇年以上前、男性は海外に住む子どもへの仕送り額が膨れ上がっていることに気付いた。

実際には、妻が旧統一教会へ多額の献金を繰り返しており、その総額は数千万円に上った。妻は「教会関係者に見せられた壺から、観音さまが出てきた」などと話したという。

男性は当時多忙で、夫婦げんかに悩んでいた妻に知人女性が声をかけ、「心の鍛錬をしよう」と教団に勧誘していた。男性はその女性らの元に乗り込み、妻と教団の関係を絶とうと努力した。

しかし夫婦関係は修復せず、妻は家を去ったという。「妻も傷ついたと思うけど、家族も傷ついた。

引き裂かれたものは二度と戻らない」と男性は悔しさをにじませた。

二つの信者家庭のエピソードは事件から八日後の二二年七月一六日付朝刊（大阪本社版）に「親の信仰「宗教二世」苦悩」との見出しで掲載された。これが、毎日新聞の紙面で宗教二世という言葉が登場する最初の記事になった。

## 自由民主党との蜜月

山上被告が当初、襲撃対象として考えていたのは旧統一教会の韓鶴子（ハンハクチャ）総裁とされる。教祖の妻である。来日時に火炎瓶で襲撃しようと企てたが、会場内に入れず未遂に終わったと捜査当局の調べに供述した。ではなぜ、安倍元首相の存在を意識するようになったのだろうか。きっかけは二一年九月、教団の友好団体「天宙平和連合」（UPF）が主催したイベントに、安倍元首相がビデオメッセージを寄せたことだったという。

「朝鮮半島の平和的統一に向けて努力されてきた韓鶴子総裁をはじめ、みなさまに敬意を表します」「UPFの平和ビジョンにおいて、家庭の価値を強調する点を高く評価いたします」――。安倍元首相のメッセージは英語や韓国語の字幕付きで動画サイトに投稿された。

一国の首相経験者が特定の宗教団体トップを持ち上げるのは異様な光景に映るが、それは自民党と教団が積み重ねてきた「蜜月」の延長線上にある。

旧統一教会は一九五四年、教祖の文鮮明（ムンソンミョン）（敬称略、以下も同じ）が韓国で創設した。日本では六四年に宗教法人として認証された。

六八年には「共産主義からの解放」を掲げる教団系の政治団体「国際勝共連合」が設立された。時代は東西冷戦期。教団は反共産主義で一致する笹川良一や安倍元首相の祖父、岸信介元首相らと親交を深め、日本での影響力を強めていった。

冷戦後、教団は性的純潔や家族を重んじる教義に基づき、夫婦別姓や男女共同参画といった動向を敵視するようになった。そうした価値観の多くは安倍元首相をはじめとする保守政治家と共通していた。教団は選挙を手伝ったり、無償で秘書を送り込んだりすることで国政はもとより、地方政界にも浸透を図った。

第一次安倍政権の二〇〇六年に改定された教育基本法には、教団が重視する「家庭教育」の条項が入った。第二次安倍政権下の一五年には旧統一教会から世界平和統一家庭連合への名称変更が認証された。政府や議員らは政策への影響を否定するものの、教団による政治工作は半世紀以上、この国の中枢に忍び込んでいた。

## 「やばい」選挙協力

旧統一教会と政治の関係を探る取材は続いた。遊軍サブキャップの野口はツイッターで接触した元信者から、選挙応援の実態について貴重な証言を得た。

東日本に住む四〇代の女性は二〇～三〇代の頃、国政選挙や地方選挙があるたびに、旧統一教会系の政治団体「国際勝共連合」から頼まれ、選挙カーに乗って特定の候補者や政党への支持を訴えるウグイスを務めた。その多くは自民党だった。

西日本に住む元信者の五〇代女性はこんな経験を野口に語った。約三〇年前、教団の寮に住み込む献身生活を送っていた頃、自民党候補の演説に聴衆を呼び込むサクラとして動員された。さらに、「アベル」と呼ばれる先輩信者の指示で、県議選の候補を中傷するビラを封筒に入れ、宛名を書く作業にも関わった。

「やばいんじゃないか」との思いが頭をよぎったが、「不信は罪」という教えが心に浮かび、迷いを振り切った。他人になりすます不正投票を指示されたこともある。女性はこう振り返った。「不正と分かっていたが罪悪感はなく、私たちの仕事が神のために役立つと思うと怖くなかった」

教団と政治家が持ちつ持たれつの関係を続け、末端の信者がそれに利用される。そんな構造が見えてきた。

安倍元首相の国葬は二二年九月二七日、東京都千代田区の日本武道館で営まれた。国内外から計四一七〇人が参列し、その模様はテレビで中継された。

戦後の国葬は一九六七年の吉田茂元首相以来となるが、岸田首相は国会での議論を経ず、閣議決定のみで国葬実施を決めた。凶悪事件の犠牲者ではあるものの、「特別扱い」とも映る対応に世論の賛否は真っ二つに割れ、国葬当日も各地で反対デモが起きた。

教団と政治家の癒着、献金被害などの問題が次々に明るみに出ると、岸田内閣の支持率は右肩下がりになった。毎日新聞が九月に実施した世論調査で支持率は二九％となり、政権発足以降初めて三〇％を下回った。

## 一億円献金、八六歳の「念書」

国会では教団の被害者対策として、不当な寄付の勧誘を規制する新法が焦点の一つになっていた。社会部遊軍でこの問題に注目したのは森口沙織である。

森口も遊軍長の山田と同様、大阪府警の捜査一課を担当した経験を持ち、「足」で稼ぐ取材に定評がある。森口は母親が教団に一億円以上を献金したという女性を見つけ、神奈川県へ向かった。

女性によると、異変に気付いたのは二〇一五年春のことだ。父親の七回忌で実家に戻ると、明るくおしゃべり好きだったはずの母親がうつろな表情だった。認知症を心配し、夏に再び帰省した。父親の思い出話をする中で何気なく遺産がほとんど残っていないことを話題にすると、母親は「私が（旧統一教会に）寄付してしまった」と打ち明けた。

母親は長野県内で果樹園を営み、遅くとも二〇〇四年ごろ、教団の施設に通うようになった。娘三人は既に独立し、心臓が悪かった夫と二人暮らし。他の信者の提案で早世した妹の供養祭を営み、教義の解説書を読むなどして信仰を深めた。〇五年に夫が心筋梗塞で再入院すると、女性は高額献金を重ねるようになった。

貢献度の高い信者に贈呈される「聖本」のために二三〇〇万円を献金。「家庭公臣」「母国公臣」という称号を授かるために少なくとも計二四〇〇万円を献金した。夫が死亡した〇九年までにその総額は一億円を超え、果樹園の土地を売却して代金の一部をつぎ込んだこともあった。

「ばかだった」。母親は後悔を口にしたが、既に記憶は薄れつつあった。一六年五月、母親はアルツハイマー型認知症と診断された。

女性は一七年、「違法な献金や物品購入の勧誘で多額の損害を被った」として、教団や他の信者に計約一億八五〇〇万円の損害賠償を求めて提訴したが、一、二審ともに訴えは退けられた。大きな壁になったのが母親の名義で作成された「念書」の存在だ。

念書には母親の献金が自由意思であり、「不当利得に基づく返還請求や不法行為を理由とする損害賠償請求など、一切行わないことを約束します」と記されていた。念書が作成されて教団側に渡ったのは、娘である女性に献金を打ち明けた三カ月後のことだ。

東京地裁判決（二一年五月）によると、念書の文面は他の信者が、女性の母親から聞き取って作った。念書の内容を公的に証明するため、別の信者が運転する車で公証役場へ行き、公証人の前で母親が署名・押印した。教団施設では、母親がその内容を証言する動画まで撮影されていた。当時、母親は八六歳だった。母親が自らの意思でそこまでやるとは、とても信じられなかった。

女性は判決を不服として二二年七月、最高裁に上告したが、母親はその前年に亡くなってしまった。

「教団との関わりさえなければ、楽しい思い出をつくってあげられたかもしれないのに」。そう話す女性の悔しそうな表情が、森口は忘れられない。

## 動き始めた取材班

二二年一〇月三日、臨時国会が開会した。岸田首相は所信表明演説で、旧統一教会との関係について説明責任を果たすとともに、悪質商法や悪質な寄付による被害者の救済に万全を尽くすと述べた。国会では、宗教法人への不当な寄付を規制する法案が「救済法案」と呼ばれ、与野党の協議も一気に進んだが、社会部遊軍の記者たちはモヤモヤした思いを抱えていた。

果たして、それだけで問題は解決するのだろうか。宗教二世の多くは幼少期から信仰を強制され、その教義に束縛され続ける苦しみを訴えていた。旧統一教会だけではない。キリスト教系の新宗教「エホバの証人」の二世信者らも声を上げ始めていた。

遊軍記者らが集まった会議で、サブキャップの野口は「宗教と子どもというテーマに絞ってキャンペーン取材をできないだろうか」と提案した。山田や森口、菅沼らも同じ思いを口にした。

大人が特定の宗教を信仰するのは、憲法に定められた「信教の自由」の範囲内である。しかし、子どもにその選択肢は与えられているのだろうか。子どもが親の宗教によって自由を奪われ、苦しみ続けるとすれば、社会はどう対応すべきなのだろうか。

子どもの視点で宗教と社会の問題を考えるというキャンペーン取材の方向性が見えてきた。できるだけ多くの宗教二世に直接会い、話を聞くこと。国や自治体などがどう対応してきたかを明らかにすること。それを当面の目標とした。取材班には、遊軍で平和や難民の取材に携わってきた宮川佐知子も加わった。

既に多くの宗教二世がツイッターなどで情報発信を始めていた。デスクの藤田は「毎日新聞カルト・宗教取材班」という名前でアカウントを開設した。宗教の存在意義を全否定するつもりはない。信者を盲従させ、閉鎖的な組織の中で個人を抑圧する「カルト性」を問い、宗教のあり方を考えたいとの思いを込めた。

ツイッターで情報提供を呼び掛けると、続々とメッセージが寄せられた。「私の話も聞いてほしい。この声を伝えてほしい」と。取材班は各地に散り、一人一人の物語に耳を傾ける旅に出た。

第一章

# 深く残る傷痕

## 「神の子」のアイデンティティー――チュソンの場合

### 封じ込めた初恋

チュソン（仮名）から「会ってもいい」と藤田に連絡が来たのは二二年一一月中旬のことだ。旧統一教会の宗教二世として、ツイッターで体験をつづっていた。ＤＭで質問すると、丁寧に返してくれた。一つのことが気になっていた。返事の中にあった「家族って何」という言葉だ。

親から子への愛は本来、無償であるはずだ。子どもの笑顔を見れば、親は幸せになる。子どもの涙を見れば、親は胸をかきむしられるような痛みを覚える。そこには何の見返りも、条件もない。

しかし、宗教二世の子どもにとっては、親との間に宗教が介在している。もし、親が子どもより「神」や「教祖」への愛を優先するとしたら、親子の関係はどうなるんだろう。そんなことを藤田はぼんやりと考えていた。

会う約束をしたのは平日の夜、神奈川県内の居酒屋である。仕事終わりに来たというチュソンは開口一番、「遠方から来ていただき、ありがとうございます」と頭を下げた。

長身に切れ長の瞳。一見、今時の若者のようにも見える男性だが、こちらが恐縮するほど礼儀正しい。

店員が運んできた一品料理に箸をつけつつ質問を始めると、チュソンは言葉を選びながら、幼少期からの経験を語り始めた。

**チュソン（三二）は父が日本人、母が韓国人である。両親は旧統一教会の信者で、教団の合同結婚式で結ばれた。韓国で生まれ、サラリーマンだった父の実家がある神奈川県で育った。姉や弟とともに、生まれつきの「二世信者」だった。**

教室で彼女の姿を見るたび、胸が苦しくなった。家に帰っても、彼女のことを思い出すと何も手に付かない。そんな激しい感情は初めてだ。だが、自分にこう言い聞かせた。「恋愛をしてはいけない」――それが教義だからだ。やがて、彼女に交際相手がいることが分かった。ショックだったが、同時にほっとする自分もいた。中学一年の初恋は、あっけなく終わった。

家では毎日、食事前に祈った。夜になると「原理講論」という教義の解説書を読んだ。日曜日は朝から礼拝があり、両親は教会へ行く。子どもたちは「ビデオセンター」という近くの施設で講義を受けた後、お祈りをして聖歌を歌った。

## 写真の人とぼくと、どっちが大事？

「聖書には神様が六日間で世界や人を創ったと書いてある。じゃあ、猿人や原人って何？」。信仰への疑いは、小学生の頃から芽生えていた。家の祭壇には教祖・文鮮明夫妻の写真が飾られ、一心不乱に祈り続ける母に戸惑った。「この写真の人と、ぼくとどっちが大事？」。幼いながら、自分の存在価値に疑問を持った。

学校の友人たちは日曜日にみんなで遊んでいたが、その輪に入れなかった。「なんで自分だけこんなことをしているんだろう」。恥ずかしくて、自分が信者であることを隠した。

夏には家族で韓国・清平（チョンピョン）の教団施設を訪れ、「修練会」と呼ばれる合宿に参加した。体育館のような場所に大勢の信者が集まり、蒸し暑い中で講義を聴いた。太鼓が打ち鳴らされる中、体内から「サタン」を出すためだと言われ、頭からつま先まで全身をたたかれた。泣いて嫌がっても、許してもらえなかった。

中学では部活に熱中したが、礼拝がある時はうそをついて休むしかなかった。電車で教会へ向かう途中、「誰かに会ったらどうしよう」と不安が募った。

遊びたい盛りだったが、教会では「サタンがいるから」と、ゲームセンターやカラオケに行かないよう諭された。異性から好きな人を聞かれても「神様」と答えるように言われた。

ある時、親の貯金箱からお金を持ち出してゲームセンターへ行ったことがばれた。激怒した父は教祖夫妻の写真の前で一〇〇回以上、土下座するようチュソンに命じた。

高校生になると、次第に教会から足が遠のいた。「なんで行かないの」。母から叱られたが、もう信仰への反発を抑えられなくなっていた。両親もきょうだいも熱心に信仰を続けていたから、家の中に居場所はなかった。友人にも悩みを打ち明けられず、孤独な日々を過ごした。

## 離れる決意

高校三年の大みそか。チュソンはある決意を胸に夜を迎えた。他の家族は教会の年越しイベントに出かけていたが、チュソンは家で受験勉強をしていた。

年が変わる直前、祭壇にある教祖夫妻の写真を取り出し、ロウソクの火を付けた。パチパチと燃え上がるのを見ながら、「もう教会には関わらない」と心に誓った。それは自分なりのけじめであり、家族への意思表示だった。

大学では教員を目指したが、けがをきっかけに中退した。専門学校に通い、医療職の資格を取った。就職と同時に結婚して家を出た時、初めて自由になれた気がした。

二年前、姉から手紙が届いた。「親のこと、信仰のこと、育った環境のこと、傷ついたこと等、全て恨みになっているのかもしれない。私も申し訳なく、とても悲しい。また家族がひとつになっていけたらうれしい」。丁寧な文字で、切々と姉の思いがつづられていたが、チュソンは「何も感じなかった」と振り返る。

一六世紀、日本にキリスト教を伝えた宣教師・ザビエル。姉はチュソンに「ザビエルになってくる」と告げて海外で布教活動に打ち込み、信者の男性と国際結婚した。

実家にいた頃、チュソンは「家族ってなんだろう」といつも考えていた。両親は宗教のために結婚し、宗教のために子どもを産んだ。それが「祝福二世」と呼ばれる自分たちだ。

しかし、その宗教から離れた自分は何のためにここにいるんだろう。アイデンティティーに悩み、死を意識したこともある。

二児の父になった今も、チュソンはその問いに即答できる自信がない。今も気付けば頭の中に聖歌が流れてきて、耳をふさぎたくなる。新しい家族と穏やかな時間を積み重ねる中で、いつか答えが見つかればいいと思っている。

＊

チュソンの話を聞きながら感じたのは、強い「孤独」の感情だ。家族は両親もきょうだいも熱心な旧統一教会の信者。自分だけが教義に疑問を抱いている。しかし、それを打ち明ける相手がいない。学校では信者であることを隠し、恋愛も、遊びも自己規制する。たった一人で苦悩を抱え込んだまま思春期を過ごし、高校三年の大みそかにそれが爆発するのだ。

旧統一教会の二世には、チュソンのように日本と韓国にルーツを持つ人が一定数いる。それは、教団が国内外の信者を結婚相手としてマッチングする「合同結婚式」を主催しているからだ。

教団のホームページによると、一九六八〜二〇二〇年、合同結婚式に参加した総人数は一八万五八一七人。二〇年三月時点の調査で、日本人と外国人が国際結婚したケースは一万八五〇四組に上る。その多くが日韓のカップルとみられる。

教団では合同結婚式を「祝福結婚式」と呼び、その意義を「神様を中心とした家庭を築くために神様を中心とした結婚式を執り行うもの」と説明している。祝福結婚した夫婦の間に生まれた子は「祝福二世」「神の子」と呼ばれ、その生活は生まれながらにして信仰が中心となる。

旧統一教会の教えに従って生きることを「幸せだ」と感じるなら、何の問題もない。しかし、それが苦しみをもたらすものだとしたら、子どもはどこに逃げればいいのだろう。

親の信仰を押しつけられることでチュソンが奪われたものは何だったのか。それは、私たちが「青春」と呼ぶ輝かしい日々であり、自分らしく生きられる居場所ではなかっただろうか。

## 異国で破れた「祝福結婚」——貴子の場合

旧統一教会が祝福結婚を重視しているのは、教義の一つである「堕落論」に基づく。旧約聖書の「創世記」を独自に解釈したもので、以下のような論理で成り立つ。

人間の始祖であるアダムとエバのうち、まずエバがサタン（悪魔）と姦淫した。そのエバとアダムが結ばれることで人間にサタンの血統が入り込み、「原罪」となった。原罪とは人間が生まれながらにして負う根源的な罪である。

そして、教団は人間が原罪から救済されるには、キリストが再臨したメシア（救世主）である教祖・文鮮明による「祝福」が必要であると説く。その道が最も理想的な形で開かれるのは、性的純潔を貫いた信者同士の祝福結婚であるという考え方だ。

結婚の前に異性への恋愛感情を持ち、葛藤が生じることは「アダム・エバ問題」と呼ばれ、教団では性的堕落につながるものとして厳しく禁じられる。

しかし、その祝福結婚は本当に信者を幸せにするのだろうか。祝福結婚を夢見て海外へ渡った末に、人生を翻弄された宗教二世がいる。関東に住む貴子（仮名）だ。宮川が会いに行くと、貴子はその手に自分や子どものパスポートをたくさん持っていた。結婚前から日本と海外を行き来してきたのだという。

貴子が語った半生は、「祝福」という言葉とはかけ離れた、苦難の連続だった。

---

**貴子（四〇代）は、旧統一教会の宗教二世だ。中学時代から教会に通い、教団が選んだ見ず知らずの外国人男性と結婚するため、二〇代で異国へ渡った。そこで貴子は何を見たのだろうか。**

---

「将来は神様が選んだ相手と結婚するのよ」。小学生の頃から、母にそう言い聞かされて育った。友達とプールに行きたいと告げると「異性には近づくな」と叱られた。宗教活動にのめり込んだ母はいつも帰りが遅かった。その理由を尋ねると、母は力を込めた。「地上天国を作らないといけない」

## 「お前の母さん、統一教会なのか」

幼い頃、父は仕事で忙しく不在がちだった。専業主婦だった母は朝から晩まで教会に通った。貴子は幼いきょうだいと長い時間をテレビの前で過ごし、腹が減るとパン屋へ行った。新学期に夏休みの思い出を楽しそうに話す友達を見て気後れした。

中学からは週二回、教会の活動に参加した。「信仰心より、母を喜ばせたい気持ちが大きかった。教会へ行かなかったら「この家で暮らしていけなくなる」という恐怖もあった」と貴子は言う。

ある時、学校の先生から「おまえの母さん、統一教会の信者なのか」と聞かれたことがある。ただ、偏見を持たれるのが怖くて、母が帰ってこない悩みを打ち明けることはなかった。

高校生になると、同級生は大学への進学など将来の目標に向かって勉強に励んだ。教団が掲げる「祝福結婚」こそが幸福になる唯一の道——。そう信じていた貴子は勉強に身が入らず、成績は下がり続けた。

高校卒業後、しばらくすると、親や他の信者から「そろそろね」と結婚を考えるように言われた。貴子が結婚の意思を示すと、教団を通じて一〇歳以上年上の外国人男性を紹介された。届いた写真を見て「おじさんだ」と落胆したが、母からは「断ったりしないわよね」とクギを刺された。

「苦労を乗り越えれば、いつか幸せになれる」。そう自分に言い聞かせ、複数のカップルが参加する合同結婚式に参加した。二〇代で夫が住む国へ移住した。

自営業者の夫は、日本語が少しできた。裕福ではなかったが、週末になると夫婦で一緒に教会に

海外との間を何度も行き来し、国際結婚した貴子。過去に家族が使った分も含めて多くのパスポートが残っている＝2022年11月29日午後4時53分、宮川佐知子撮影

通うなど、穏やかな日々が続いた。子どもが生まれ、長年夢見た理想の家庭に近づいたと思った。

しかし、その数年後に生活は暗転した。

夫の酒量が増え、泥酔しては「役に立たない外国人」「日本に帰れ」などと暴言を吐くようになった。真面目な信者だと思っていた夫は、実際には結婚相手を紹介してもらう目的で入信したという。金銭トラブルも絶えず、一家の生活は苦しくなった。

帰国を考えたが、日本に頼れる人はいなかった。「家庭の平和や祝福結婚を重要視する母に言っても理解されない。教団に反感を持つきょうだいや親族とは疎遠になっていて助けを求められなかった」と貴子は振り返る。

## 気付いた教会外での「存在価値」

夫の転職を機に、家族で別の地域へ引っ越した。

貴子は長年専業主婦だったが、事務職のアルバイトを始めた。「「日本人だから」と言われたくない」と仕事に打ち込んだ。徐々に働きぶりが評価され、雇用期間も延長された。「よくやってくれた」。上司や同僚に感謝されることにやりがいを感じた。「初めて自分の存在が認められた。教会に通わなくても自分には価値があるんだ」。その気付きは、貴子の人生観を大きく変えた。

夫が息子に暴力を振るったのをきっかけに「自分が子どもたちを守るしかない」と帰国を決めた。数年前に日本に戻り、離婚した。教団との関わりも断った。

海外生活が長かった子どもは日本の学校になじむのに時間がかかり、児童相談所の支援を受けるなどして乗り越えてきた。

母子世帯での生活は楽ではないが、貴子は「私と同じように国際結婚し、日本に帰りたくても帰れない人が他にもいるのでは」と思いやる。

安倍元首相の銃撃事件をきっかけに、苦しみを抱える宗教二世の存在がクローズアップされた。「子どもの頃の自分やきょうだいに手を差し伸べてくれる人は誰もいなかった」と貴子は言う。

母が無条件に愛してくれていれば、先生が「大丈夫?」と聞いてくれていれば、国がもっと早く動いてくれていれば――。あったかもしれない別の人生を思うと、貴子は涙が止まらなくなる。

*

宗教二世は、親が宗教活動に没頭するあまり、ネグレクト（育児放棄）の状態に置かれることがある。幼少期、両親が不在で長い時間をテレビの前で過ごした貴子もその一人だ。親に大切にされない経験は、自己肯定感の低下につながりやすい。

貴子の場合、教団の選んだ相手と祝福結婚することが女性の幸せだという母に刷り込まれた考え方が、その傾向を一層強くしている。貴子は学校の成績が落ちても気に留めなかったし、個人としての自分に「価値」があるなんて考えもしなかった。それは貴子の人生の選択を狭める結果になってしまったのではないだろうか。

貴子の話しぶりからは、子ども思いの穏やかでまじめな人柄が伝わってきた。幼少時、なぜ貴子の苦しみを周囲の大人が気付いてあげられなかったのだろうか。どうすれば宗教二世の子どもたちが同じ思いをせずにすむだろうか。宮川は考え込んでしまった。

## 教義にむしばまれて――愛美の場合

日本の旧統一教会本部は東京都渋谷区の松濤にある。ＪＲ渋谷駅前から北西方向へ約七〇〇メートル。旧東急百貨店本店や文化施設「Bunkamura」の脇にある「オーチャードロード」を奥へ進むと、その建物が見えてくる。都会の喧噪から少し離れ、周辺には瀟洒な邸宅や高級マンション、美術館などもあるエリアだ。

玄関先の壁には「天の父母様聖会」「世界平和統一家庭連合」という文字盤が金色に輝いている。ただ、他の宗教団体の本部でよく見るような豪華絢爛な建物というわけではない。むしろ、意識していなければ気付かず通り過ぎてしまうような地味な建物だ。教団が巨額の資金を投じて韓国・清平に建設した白亜の宮殿「天苑宮」とは比べものにならない。

現在、日本のトップを務めるのは第一四代会長の田中富広である。安倍元首相の銃撃事件後、教団の記者会見で田中が話す姿を目にした人も多いだろう。だが、歴代会長の中では、最長の二八年にわたって在任した久保木修己（くぼきおさみ）・初代会長の存在が際立っている。

久保木の回顧録『愛天　愛国　愛人――母性国家　日本の行方』（世界日報社、一九九六年）によると、久保木は昭和六（一九三一）年、中国丹東市（旧満州安東市）で生まれ、終戦とともに父の郷里である千葉へ引き揚げた。慶應義塾大に学びながら、仏教系の新宗教「立正佼成会」に入会し、やがて会長秘書になった。その後、友人に統一原理を教わったことがきっかけとなり、一九六二年に旧統一協会へ入会。教団が宗教法人として認証を受けた六四年、初代会長に就任した。

六八年、共産主義の打倒を掲げた政治団体「国際勝共連合」の会長にも就いた久保木は、笹川良一や岸信介元首相らと親交を深めた。その頃、教団本部は渋谷・南平台にあり、隣には岸元首相の自宅があった。七〇年には岸元首相の推薦文を携えて韓国・ソウルの青瓦台で朴正熙大統領（当時）とも面会を果たした。久保木は「岸先生に懇意にしていただいたことが、勝共運動を飛躍させる大きなきっかけになった」と記している。

その久保木に名前を付けられ、幼少時から渋谷の教団本部に通った宗教二世がいる。取材班のツイッターに連絡を寄せてくれた愛美（まなみ）（仮名）だ。教団のエリート候補生として期待されながら、愛美は教義への疑問が拭いきれず、やがて期待は大きなストレスに変わっていった。

多くの子どもは「名前は親からもらう最初のプレゼント」と教えられて育つが、名付け親が教団幹部だと知った時、愛美はどう思ったのだろうか。取材班の高良は具体的なイメージがつかめないまま、愛美の住む埼玉県へ向かった。

約束した駅に現れた愛美は小柄で、笑顔の明るい女性だ。近くのファミリーレストランに場所を移し、話を聞いた。高良の質問に淡々と答える愛美だったが、その口調は少しずつ熱を帯びていった。

---

愛美（四五）の両親は、旧統一教会が日本で本格的な活動を始めた一九六〇年代に入信した。愛美も幼少時から教団本部に通うなどし、「祝福二世」として将来を期待された。その重荷が彼女の心をどうむしばんだのか。愛美の話を聞いてみたい。

---

「私の名前、どうやって付けたの？」。小学生の時、母に聞いた。名前の由来を調べる作文の宿題。「どんな意味が込められているんだろう」。わくわくしていた私に、母は答えた。「クボキさんが付

けたのよ」

旧統一教会の初代会長、久保木修己のことだ。驚きと失望で涙を浮かべながら、原稿用紙をうその話で埋めた。

## 集団生活と包丁事件

旧統一教会が日本で宗教法人として認証された六四年。久保木は別の宗教団体から移る形で初代会長に就いた。愛美の母はその団体にいた縁で久保木に誘われ、旧統一教会に入信。父もやがて信者になった。

幼少の頃、母は布教活動で忙しく、愛美はほとんどの時間を教団系列の保育園で過ごした。一〇〇人ほどの集団生活。金曜の夜に自宅へ帰り、日曜の夜には保育園に戻った。「教祖夫妻を親と敬うよう教えられ、家で過ごす週末はまるで家族ごっこだった」と愛美は振り返る。

小学一年になると、本格的な二世教育が始まった。自宅から一時間以上かけて東京・渋谷の教団本部に通い、教義を学ぶための紙芝居を見る。「韓国語が世界共通語になる」と言われ、韓国語の勉強も始まった。目を輝かせる子もいたが、愛美は「本当かな」と違和感を募らせた。

小学四年の頃、教団本部へ向かうために乗り換える駅で足がすくみ、動けなくなった。半年ほど母に無断で礼拝などを休み、ばれた時は何度もほおをたたかれた。

将来は教団が選んだ相手と結婚し、子どもを産んで幸せな家庭をつくりなさい——。そんな教えが重荷だった。小学五年で初潮を迎えた時、「子どもを産める体になってしまった」と恐怖感にとりつかれた。夜眠れず、母が飲んでいた睡眠導入剤に手を出すようになった。

中学生になると教団本部に行くふりをして渋谷の繁華街で遊んだ。母は布教に忙しく、受験勉強以外はうるさく言わなかった。

高校に入ると、韓国の教団施設で数日間の研修に参加した。教祖・文鮮明の言葉をじかに聞いたが、心は上の空だった。「やっぱりこの教団は嫌いだ」。こっそり施設を出て遊んだ。

帰国後、しばらくして「事件」が起きた。

愛美が年上の男性と付き合っているのが母に見つかった。教義上、男女交際はタブーだ。

深夜、目を覚ますと、枕元に母がいた。無言で包丁を握っていた。愛美は母の手をつかんで叫んだ。「助けて」。部屋に飛び込んできた父が、母から包丁を取り上げた。両親が部屋を出た後、愛美は一睡もできなかった。「この家は一体何なの」。ショックで声が出なくなった。

高校から通告を受けた児童相談所は「虐待」と認定した。愛美は数カ月間、伯母の家に預けられた。その間も、母は「戻ってきて」と教祖の写真の前で祈り続けたそうだ。

## こわれゆく私

「親から逃げたい」。愛美は高校を卒業後、専門学校に通って准看護師の資格を取得した。二〇歳の時、病院への就職を機に家を出た。

それでも受難は続いた。働き始めて一年もたたないうちに、激務と不眠症で体を壊した。「これ以上迷惑をかけられない」。病院の寮で大量の睡眠導入剤を飲んだ。命に別条はなかったが、職場にはいられなくなった。

実家に戻った愛美に逃げ場はなかった。その後も自傷行為を繰り返し、二〇代前半の時、救急搬送された。それが家族の転機になった。

愛美を診た精神科医は「小さな頃から信仰を強制されてきたことが影響している」と診断し、強い口調で両親に迫った。

「あなた方はお嬢さんに何をしてきたか分かっているんですか。脱会する決断をしない限りは診察を続けません」。愛美には優しく声をかけた。「今までつらかっただろ。絶対、大丈夫だから」

娘が死の一歩手前までいったことに、両親はショックを受けた。「全てお父さんが悪かった。必ずお母さんを脱会させるから」。父はそう誓い、母も「今まで間違っていたことをしていた」と謝った。両親は間もなく脱会した。

その後も不眠や体調不良に悩まされた愛美だが、二八歳の時、ある楽器に出会った。癒やしを求めて買ったオムニバスCDから流れてきた優しい音色。近所の教室に通い、三四歳でプロの演奏家として人前に出られるようになった。

三八歳の時、趣味の車を通じて知り合った夫と結婚した。愛美の過去を全て受け入れ、支えてくれる存在だ。「つらいこともたくさんあったけれど、闘ってきてよかった」。長い苦難の末に訪れた幸せを、愛美はかみしめている。

＊

ファミリーレストランで何度かドリンクのお代わりを頼みながら、愛美への取材は三時間以上に及んだ。愛美の場合、信仰を強要されるストレスが、はっきりと心身の症状として現れていた。教団本部へ行く途中に足がすくむ。夜眠れず睡眠導入剤を服用する。声が出なくなる。そして自殺未遂――。二〇代の時、精神科医が両親に脱会を迫っていなければ、愛美は命さえも失っていたかもしれない。

愛美が名前の由来について話した後、「できることなら今からでも名前を変えたい」と力を込めて語った姿が、高良の印象に強く残った。

## 養子という迷宮

岸田首相は二二年一〇月一七日、宗教法人法に基づく質問権を行使して旧統一教会を調査するよう永岡桂子文部科学相に指示し、異例の調査が始まった。高額献金などの被害が問題になっている教団を巡り、宗教法人としての解散命令を裁判所に請求することを視野に入れたものだ。

宗教法人法は、①法令に違反し、著しく公共の福祉を害すると明らかに認められる行為、②宗教団体の目的を著しく逸脱した行為——などが確認されれば、裁判所は法人に解散命令を出せると規定している。とはいえ、憲法が定める「信教の自由」も絡み、その判断は容易ではない。

過去に、法令違反を理由として宗教法人の解散命令が確定したのは数々の凶悪事件を起こした「オウム真理教」と、霊視商法と呼ばれる詐欺事件で知られる「明覚寺（みょうかくじ）」の二件しかない。この二団体は教団トップを頂点とする指揮命令系統と違法性が、刑事事件を通じて明らかになっていた。

一方、旧統一教会は民事訴訟で組織的な不法行為責任を認定された例はあるが、教団トップの刑事責任が問われたケースはなかった。過去の霊感商法事件では警察の強制捜査が教団本部に及ばず、教団は二〇〇九年、強引な勧誘などをやめる「コンプライアンス（法令順守）宣言」を出していた。このため、文化庁は当初、解散命令の要件となる「法令違反」の認定は困難だとの見方を示してきた。

しかし、支持率下落に悩む政権は状況を打開するため、教団への厳しい姿勢を示さざるをえなかった。岸田首相は民法上の不法行為であっても「組織性、悪質性、継続性」の三要件が認められれば解散命令の対象になり得るとの新たな解釈を示し、宗教学者らでつくる専門家会議でも異論は出なかった。

質問権の行使による調査の主な狙いは、霊感商法や献金を巡るトラブルに教団の組織的な関与や継続性があることを裏付けることだが、新たな疑惑も浮上していた。

「養子縁組」の問題である。元二世信者らが「教義のために養子縁組が行われている」と野党の会合で訴え、教団が無許可で養子縁組のあっせんをしている疑いが出てきたのだ。

取材班にとっても興味深いテーマだった。当事者を探すと、養子として育った一〇代の女性が山田の取材に応じてくれた。

## 「レールから外れられない」という呪縛

東日本に住む女性は幼稚園児の時、自分が養子だと知った。養父母が親しく付き合う家族がおり、「あの人たちは誰なの」と聞くと実親だと教えられた。

「どうやって私はここに来たの？」。小学校高学年の時、そう聞いたことがある。養母によると、実母から「次に子どもが生まれた時は、あなたたちのところに行くからね」と言われ、双方で話し合って迎え入れたという。生まれる前から養子に行くことが決まっていたのは、不思議な感覚だった。

実親の家庭には、自分のきょうだいがいた。「もし私が養子に出ていなければ、一緒に遊んだり悩みを相談したりできたかもしれない」と思った。

家では旧統一教会の教義に基づき、ゲームも、露出の多い服装も、男女間の交際も禁じられた。中学二年の頃から、そんな教えに反発を覚え始めたが、養父母の前では一貫して模範的な子どもを演じてきた。

女性の悩みを深めたのは、自分が養子であるという事実だ。実の子ではない自分を愛情を注いで育ててくれた感謝から、親を裏切れない。教団から離れれば、養父母とも、実親とも縁が切れてしまうという恐怖もあった。

それだけに、信仰を積み重ねて生きてほしいという養父母の期待が「レールから外れられない」という呪縛になり、今も女性を苦しめている。

最近、自宅の本棚で出産や養子縁組などについて書かれた旧統一教会系出版社の本をみつけた。「養父母が私を養子にもらうために読んでいたのだろう。大切に思われていたんだな」と感じたという。その本にはこう書かれていた。

「子どもに恵まれない家庭のために養子として捧げるということは、統一教会の美しい伝統となるに違いありません」

実親と養父母の話し合いだけで養子縁組が決まったのか、それとも教団の意向があったのか。膨らむ疑問を養父母には聞けないままだ。

## 母の日記に見た「養子許可」

宮川の取材に応じたのは、両親が旧統一教会の信者だという二〇代の女性だ。彼女も、養子縁組を巡って複雑な思いを抱えていた。

女性は出生時に両親が四〇代後半だったので、「もしかしたら私は養子かもしれない」と悩み続けてきた。自分が養子だと知っている他の二世信者の養父母が同年代だったからだ。

女性はある時、母親の日記に「家裁から養子許可が下りた」と書かれているのを見て、自分が養子であることが「ほぼ間違いない」と思った。ただ、「両親が私に話していない理由がある」とも考え、直接尋ねたことはない。

女性は高校の途中までは教会の活動に熱心に参加していたという。「信仰心が強い子のように自分を見せようと必死だった」と振り返る。しかし、しばらく教会に通わなくなったことを機に「自由に生きたい」と思うようになり、教会からは足が遠のいた。

両親には愛されてきたし、両親を責めるつもりはない。ただ、「自分の人生について真実を知りたい」という思いは、ずっと消えない。

旧統一教会の教義と養子縁組がなぜ結びつくのか。それを理解するため、取材班は教団が二〇一四年に発行、一七年に改訂した『祝福家庭のための侍義（じぎ）生活ハンドブック』（光言社）を取り寄せた。家庭や教会での礼拝、冠婚葬祭などの留意点を記した本だが、養子縁組についても詳しく書かれている。「養子縁組の必要性」と題した部分を引用したい。

「私たちは、この地上で愛の完成をするために、家庭を基盤とした四大心情、すなわち、子女の愛、兄弟姉妹の愛、夫婦の愛、父母の愛を体験することが必要です。そのためにも、子女がいなければなりません」「しかし、実際にはいろいろな理由により子女ができない場合があります。真の父母様は、この課題を解決するために、「養子縁組」を許可してくださいました」

真の父母様とは教祖・文鮮明夫妻のことである。教団では「性的純潔」を貫き、信者同士が祝福結婚して家庭を築くことが重視される。そして、子を持ち、子を通じて愛を学ぶことが信仰の重要な要素であり、養子縁組を「美しい伝統」とまで呼んでいる。養子を出す側と、もらう側の関係については以下のように述べられている。

「養子の約束を交わすのは、捧げる側の妊娠前が最も望ましく、遅くとも出産前には決定し、授かる側も「相手の母親の胎を通して、自分の子供が生まれる」という気持ちで、内外の準備をして待ち望むことが大切です」「養子本人には、適切な時期を見て、養子であることを伝えるのが望ましいでしょう」

山田の取材に応じた女性が、「生まれる前から養子に行くことが決まっていた」と証言したことと符合する。ハンドブックには教団の関与も記されていた。

「両家で合意がなされたら、必ず（教団の）家庭教育局に報告が必要です。両家だけ、あるいは教区、教会だけで話を進めてしまったり、養子縁組式を済ませたあとに報告してはいけません」

教団広報部によると、信者家庭同士の養子縁組は一九八一〜二〇二一年に七四五件あった。かつては教団本部があっせんしたケースもあったが、「二〇年ほど前に自然消滅した」という。厚生労働省は、教団への報告を求めるハンドブックの記述について「教団があっせんをしていると受け止められかねない」と指摘し、現在は訂正されている。

国の調査では、違法な養子縁組のあっせんがあったか否かがクローズアップされたが、取材班がむしろ気になったのは子どもたちのことだ。「神様の喜び」のために養子となった子どもに信仰の自由は保障されているのだろうか。自らの出自を知った時、何を思うのだろうか。

養父母への感謝を口にしつつ、「レールから外れられない」と重圧を語った女性。詳しい出自が分からず、「人生の真実を知りたい」と語った女性。彼らの人生は誰のためでもない、彼ら自身のために開かれるべきなのだ。

## 帰る場所を奪われ――はなの場合

取材班に連絡をくれたのは旧統一教会の二世だけではない。むしろ数として多かったのは「エホバの証人」の二世や三世たちだ。

エホバの証人は一九世紀末、米国のペンシルベニア州ピッツバーグでチャールズ・テイズ・ラッセルが率いた聖書研究運動に端を発する、キリスト教系の新宗教である。宗教法人としての名称は「ものみの塔聖書冊子協会」だが、信者は自らをエホバの証人と名乗る。

キリスト教の多くの宗派と異なる教義を持ち、他の宗派からは異端視されている。神を「エホバ」と呼び、父（神）と子（キリスト）と聖霊が一体であるとみなす「三位一体」を否定するのが大きな特徴だ。エホバの証人の教義では、キリストは神そのものではない。

こうした解釈は聖書の訳し方に表れる。「新世界訳」と呼ばれる独自の聖書を出版し、その記述や教団による解釈を厳格に守ることで知られる。

教団のホームページによると、二〇二二年時点で全世界に八六九万九〇四八人、日本に二一万四三五九人の信者がいる。布教のために信者が地域の家々を訪問したり、駅前に立って冊子を配ったりしている姿を多くの人が目にしたことがあるだろう。

取材班の山田が連絡を取ったのは北九州市に住む、はな（仮名）だ。待ち合わせた喫茶店に現れたはなは髪を鮮やかな青に染め、腕に一歳の息子を抱いていた。

「夫に用事があったので、子どもを連れてきちゃいました」。山田には、彼女が細かなことにはこだわらないオープンな性格に見えた。サバサバとした口調で語り始めた彼女の人生はしかし、あまりにも過酷だった。

**北九州市に住むはな（三五）は「エホバの証人」の三世だ。両親も、きょうだいも、祖父母も熱心な信者で、仲のいい家族だった。排斥が決まるまでは。**

## 戒律と「排斥」

「罪を告白しなさい」。集会所の一室は、八畳ほどのガラス張りだ。信者を束ねる長老から促され、全てを打ち明けた。「悔い改めますか」と問われたが、「いいえ」と答えた。やがて追放を意味する「排斥」が言い渡された。高校三年の秋、もう帰る場所はないと思った。

聖書の記述を厳格に守るエホバの証人には、厳しい生活上の制限やしつけがある。小学生の時、「悪い影響があるから」と漫画の多くは読ませてもらえず、流行の音楽も聴かせてもらえなかった。

週三回集会に通ったが、平日は夜に開かれたから眠かった。母はゴムホースで作ったむちを巾着袋に入れて持ち歩き、はなが居眠りするとトイレで尻をたたいた。

それでも、「自分は教えの下で賢く生きる特別な存在なんだ」と思い、教団が教える「楽園」が来るのを信じていた。

中学生の時にバプテスマ（浸礼）を受け、一人前の信者として伝道活動を期待されるようになった。一方で漫画や小説、音楽などに触れる機会が増え、疑問が生じ始めた。「こんな素晴らしいものが外の世界にあるのに、なぜ宗教で制限されてしまうんだろう」

高校二年になると、インターネットで同世代の女性らと友達になった。好きな漫画や音楽の話をしていると時を忘れるほど楽しかった。「楽しいものを否定する教えは、友達を否定することと同じ」。信仰への反発が抑えきれなくなった。

高校三年の時、ネットで知り合った女性と恋人同士になった。そもそも男女交際はよくないこととされ、まして同性と付き合うのはタブーだと教えられてきた。「本当にその女性が好きだったのか、今も分からない。ただ信仰に反発したかっただけかもしれない」と、はなは振り返る。

メールのやりとりを見た母は交際に気付き、「お父さんとも相談したけど、長老に言うからね」と告げた。はなは集会所で「審理委員会」にかけられ、排斥を言い渡された。

## 追放の身になって

その数日後、父親の運転する車で二人きりになった時、「これならお前が死んだほうがましだった」と言われた。「そうだよね」と笑って答えたが、熱心な信者である両親との関係が変わってしまったことを悟った。信者は排斥を受けた者と会話をしてはならず、家族であっても最低限の会話しかしないように求められた。

はなが食卓にいると、両親やきょうだいは会話を避けた。ショッピングセンターで出会った信者の知人は、目を合わせないようにきびすを返した。まるで犯罪者になったような居心地の悪さを感じた。

高校卒業後、地元のマッサージ店で働いた。母は「他の信者がその店に行けなくなる」とこぼした。その冬、はなは生まれ育った四国の街を離れ、九州へ引っ越した。家を出るはなに、家族は誰も声を掛けてくれなかった。

二四歳で結婚したはなだが、家族との関係は悪化するばかりだった。二八歳で離婚した時、報告のために帰省した。朝、実家に着くと父がいて、一〇代の弟二人と妹一人が起きてきた。「大きくなったね」。声を掛けてもきょうだいは目を合わせてくれなかった。

帰宅した母は、はなの姿を見ると悲鳴を上げた。はなが「タオルをたたむよ」と洗濯物に手を伸ばすと、母は「触らないで」と叫んだ。家族が黙って朝食を取る様子を眺めていたが、耐えられず家を出た。「私に家族はいないんだ。ひとりぼっちなんだ」。涙がとめどなく流れた。

その後、再婚したはなは一歳の息子の子育てに奮闘している。胸に抱いた息子を見るたび、かつて自分が受けた仕打ちの理不尽さを思う。「むちで打ったり、家族を無視したりするなんて、私にはできない」。実家とは連絡を取っておらず、「自分が家族を捨てた」と思うことにしている。

実家を出る時、家族との思い出につながるものは全て置いてきたつもりだったが、二冊の絵本が今も手元にある。英語で書かれた「ピーターパン」と「ピノキオ」。幼少時、両親が他の信者と教団の世界本部を訪れるため米国旅行した際のおみやげだ。両親がどんな思いでそれを買ったのか、今は聞くすべもない。

色あせた表紙を開き、はなはつぶやいた。「親に愛されて育ったと思ってきた。でも、宗教を信じていたから愛されていたのだと気付いた。教義が家族のつながりより優先される。そのつらさを知ってほしい」

*

## むち打ちの罠

はなが母親からゴムホースで作ったむちでたたかれたように、エホバの証人の二世、三世たちの多くが「むち打ち」を受けた経験を証言している。

信者の間で我が子にむちを打つ行為が広がったのは、聖書の記述に由来する。例えば、新世界訳聖書の「格言の書」一三章二四節には、「むちを控える人は子供を憎んでいる。子供を愛する人は懲らしめを怠らない」との記述がある。

教団が一九七八年に英文で発行、七九年に日本語で発行した『あなたの家族生活を幸福なものにする』という書籍では、「愛をもって懲らしめる価値」という章があり、次のように解説されている。「体罰は子供の命を救うものともなります。なぜなら、神のみ言葉聖書には、「単なる少年から懲らしめを差し控えてはならない。あなたが彼を細棒でたたいても、彼は死なない。細棒をもってあなたは彼をたたくべきである。その魂をシェオールから救い出すために」とあるからです」

シェオールはヘブライ語で地獄や墓などと訳される。子どもを救うためにたたくというのは倒錯した論理のように思えるが、「しつけ」と称して体罰を正当化する論理は、エホバの証人に限らず、日本社会ではびこってきたように思える。

かつて民法には、親が子どもにしつけを行う「懲戒権」が定められ、体罰の温床になってきた。懲戒権は二〇二二年一二月の民法改正で削除された。

エホバの証人の場合、聖書に「むちを控えるな」「懲らしめを怠るな」という記述があることで、信者にはそれが神の指示であるかのように響き、むち打ちがエスカレートしたのではないだろうか。

## 聖句唱え「愛のむち」

元二世信者らでつくる「JW児童虐待被害アーカイブ」が公表したインターネット調査（二一年九月）

によると、むち打ちを受けたと明かした二一七人のうち一六二人（七五％）は、むち打ちが始まった時期を「就学前から」と答えた。三歳未満が六四人、三歳～小学校入学前が九八人、小学校低学年が四五人だった。

むち打ちが終わった時期は小学校高学年が七四人、中学生が六八人と、それぞれ三分の一を占めた。むち打ちに使われたのは革ベルトやホース、物差しが多い。その他、ミシンベルトや自転車のブレーキワイヤ、電気コードなどもあった。むち打ちをされた相手は圧倒的に母親が多く、次いで父親、研究司会者（指導役）の順である。

場所は家が最も多く、集会が開かれる「王国会館」や「大会ホール」が続いた。一度にたたかれた回数は五～一〇回が多かったが、一〇〇回という回答もあった。

むち打ちに付随して行われたことは「自分で下着を下ろしてお尻を出す」が最も多い。「泣き叫ぶとむち打ちの回数が増える」「聖書を開いて聖句を読む」「むち打ち前後のあいさつが決められていた」などの回答も目立った。

比較的近年に多かったのは「むち打ち後に抱きしめる」という行為である。アーカイブは「「愛のむち」であることを子どもの心に刷り込む意図が垣間見える」と指摘する。

むち打ちの理由は集会での居眠りや落書き、親への反抗的な態度などに起因することが多い。回答者の多くは、むち打ちの影響について「人格形成にネガティブな影響があった」「精神的な後遺症がある」と答えた。具体的には「いまだに親が怖い」「孤独感がついてまわる」「相手の顔色をうかがうようになった」「人を信じない」「自尊心を持てない」などの回答があった。

## 教団幹部がむち打ち指導

一方、二世信者らを支援する「エホバの証人問題支援弁護団」によると、このような例が報告されている。一九八〇年代に高位の指導者である「巡回監督」が会衆に講話をした際、「今のむちの仕方は甘い」という趣旨の話を説き、自ら持ってきたむちを信者の親たちに配った。そのむちは工業用の強化されたゴムホースで、中に細い金属線のようなものが複数本入っていた。柔らかくてしなりがあるため、体に与えるダメージや痛みが著しくひどかったという。愛知県内の元信者の女性（四五）は、ある巡回監督の指導により、親たちが子どもの下着を脱がせてむち打ちするようになった、と取材に証言した。

教団は「エホバの証人は児童虐待を容認していない」と主張するが、むち打ちについての見解はあいまいだ。教団のホームページでは「懲らしめとは親のための感情のはけ口ではない。過ちを犯した子供を教えるものであるべきで、腹立ちまぎれに身体的な懲らしめを与えるなら間違った教訓を与えることになる」と聖書の解釈を示している。

はなの場合、親からむちで打たれた経験に加え、「排斥」によって家族と絶縁状態に置かれたことが精神に深い傷を残した。

排斥はバプテスマ（浸礼）を受けた信者が重大な罪を犯し、その罪を悔い改めない場合に科される。排斥を受けると、自ら教団を脱会した場合と同様、他の信者から一切の交流や接触を拒否される「忌避」と呼ばれる対応をとられる。

当時、一〇代後半だったはなにとって、それはどれほどつらい体験だったことだろう。「家族を捨てた」と思うしかないほど、はなの苦しみは今も続いている。

山田が取材を始めてから一時間を過ぎる頃、はなはぐずり始めた息子をあやしながら、「なんで実の子どもを無視するなんてできるのだろう」とつぶやいた。その姿は、どこか寂しそうに見えた。

## 便箋につづったざんげ——マリコの場合

エホバの証人の組織は、一種の階層構造になっている。信者が属するのは「会衆」と呼ばれる地域のグループで、二〇ほどの会衆が「巡回区」を構成する。会衆の責任者は「長老」、巡回区の責任者は「巡回監督」と呼ばれる。

信者は聖書を研究する「研究生」から宗教活動をスタートし、布教に携わる「伝道者」となり、バプテスマ（浸礼）と呼ばれる儀式を経て本格的な献身生活へ入っていく。

エホバの証人のバプテスマは、他の宗派の「洗礼」とは異なり、プールのような場所で水着を着て、全身を水に沈めることが特徴だ。それは神に献身することを公に示す象徴的な行為として重視されている。

小学生の時、バプテスマをして伝道生活に入った元二世信者が大阪にいると聞き、取材班の菅沼が連絡を取った。

二二年一一月末、毎日新聞大阪本社を訪ねてきたマリコ（仮名）は色白で小柄な女性だった。カウンセラー（臨床心理士）という職業のゆえだろうか。自分の体験をまるで第三者が観察したかのように淡々と、冷静に語り始めた。

**大阪府内に住むマリコ（三〇代）は「エホバの証人」の元二世信者だ。かつて信者としてエリートコースを目指したが、ある時を境に教団から離れた。今は臨床心理士として子どもを支えるマリコは、どのような人生を歩んできたのだろうか。**

## 小学生伝道者のプレッシャー

小学生の時、信者仲間の中では「無敵」だと思っていた。誰よりも早くバプテスマ（浸礼）を受け、夏休みも、冬休みも伝道に多くの時間を費やした。塾には行ったことがないけれど、勉強もよくできた。それなのに、いつも「死にたい」と思っていた。いつか「楽園」が来たら楽しくなる──そう信じていた。

マリコは幼少時から母のそばで聖書の勉強会に参加し、小学生になると伝道に加わった。「こんにちは。聖書のボランティアをしています」「最近怖い事件が起きていますね。なぜだと思いますか？　聖書に答えが書いてありますよ」。練習したセリフがよどみなく出た。

小学五年で浸礼を受けた時は、他の信者から「すごいね」と褒められた。浸礼を受けると伝道者として自立するが、小学生では珍しかった。

訪問先で怒鳴られたり、同級生宅を訪ねたりすることもあったが、伝道を嫌だと思ったことはなかった。怖い、恥ずかしいと思うこと自体がだめなことで、それを喜ばなければならない。「エホバ（神）が喜ぶ」というのが全ての基準だった。

小学校では教義に基づき、運動会や修学旅行などの行事に参加しなかった。そのたびに、担任には「聖書にはこう書いてあるので参加しません」と宣言した。信者だった同級生が言い出しにくい時は、代わりに宣言したこともある。同世代の信者の間で、マリコはリーダー的存在だった。

その一方で、小学生の頃から夜に眠れなかったり、頭や胃が痛かったりすることがたびたびあった。救急車のサイレンがたまらなく怖かった。「つらいのは「この世」にいるから」。そう自分に言い聞かせ、中高時代も信仰の道を突き進んだ。

「資格があれば、パートタイムで働いて伝道に専念できる」。母からそう提案され、マリコは実家から離れた大学の薬学部に進んだ。同級生には信者だと明かした。サークルやコンパには見向きもせず、ひたすら伝道を続けた。

だが、自分でも気付かないうちに心身の不調はピークに達していた。

ある雨の日、入浴中に気分が悪くなって倒れ込んだ。子どもの頃からの不眠が原因だと思ったが、受診しても病名はつかなかった。休学して実家に戻ったものの、体調は回復しなかった。大学中退を余儀なくされ、その後はアルバイトや伝道をしながら二〇代を過ごした。

## 禁じられた恋

二〇代後半に差し掛かった頃、職場で気になる男性が現れた。教義では男女交際は良くないこととされる。「好きになってはいけない」。自分を戒めたが、気持ちはごまかせなかった。

実家から逃げるようにして交際を始めたが、やがて強い罪の意識にさいなまれるようになった。「エホバゆるして下さい」「とりかえしのつかない罪を犯してしまった」。マリコは便箋にざんげの言葉を書き連ねた。ある日、実家で命を絶とうとしたところを祖母に見つかり、助けられた。

「ママをそんなに困らせたいの？」。母が迷惑そうな態度を取ったことに、マリコは絶望した。「この人は私が欲しい愛情はくれない」――。

精神科に入院して、医師に母親との関係について悩みを話す中で、初めて自らの宗教について触れた。医師は一通り話を聞いた後、こうつぶやいた。「お母さんにとって、宗教はあなたに言うことを聞かせるために都合がいいんやろうなあ」。はっとした。信仰で固くなっていた心に、何かがぽんと投げ込まれた気がした。

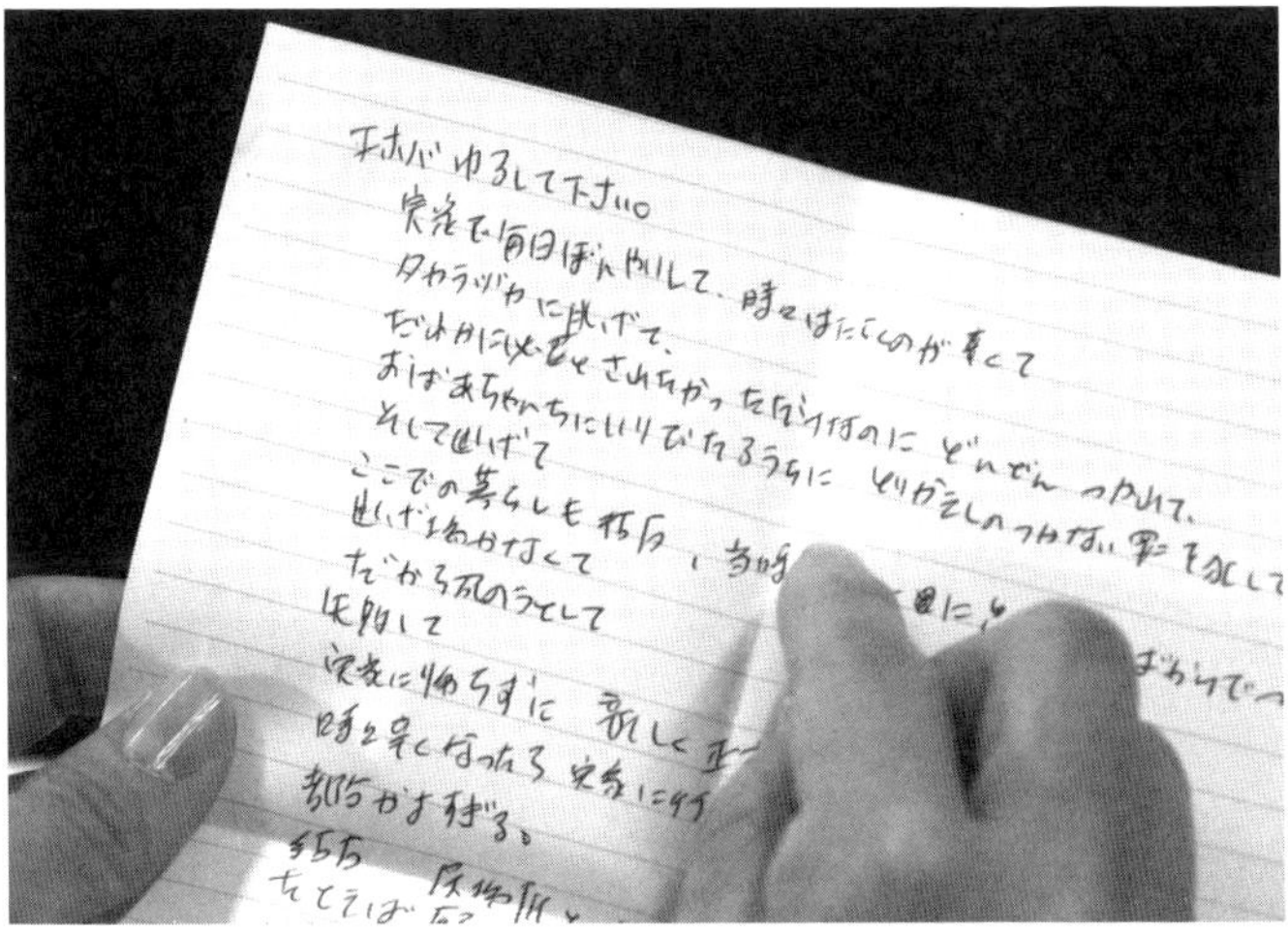


男性との交際後、マリコがざんげの言葉をつづった手紙＝大阪市北区で 2022 年 11 月 30 日、北村隆夫撮影

退院後、マリコは心理学に興味を持ち、通信制の大学を経て精神保健福祉士の資格を取得し、福祉施設で働き始めた。

エホバの証人の活動に戻ろうと思い、母に交際について打ち明けた。戻るなら「罪」を償わないといけないと考えたからだ。

母が地域の信者をまとめる「長老」に話したところ、査問にかけられた。結論は「排斥」。それ以来、他の信者から無視されるようになった。

## 今は出口を見つける役に

マリコが完全に信仰から離れたきっかけは、ドイツの哲学者・ニーチェの思想との出会いだ。「キリスト教道徳は奴隷の道徳である」。そんな言葉に目が覚める思いがした。大人が寄ってたかって個人を無視し、痛めつける理不尽。マリコは長かった髪をばっさり切り、母にＬＩＮＥ（ライン）で告げた。「もう集会には行かない」

その後、マリコは学費捻出のため精神科クリニックで働きながら大学院へ通い、臨床心理士の資格を取得した。かつての自分のような子どもたちを救うため、複数の小学校でスクールカウンセラーとして働いている。

理由の分からない体調不良や恐怖感に苦しんだあの日々。それが感情を抑圧したことによる身体症状だと、カウンセラーになった今は分かる。だから宗教二世であることに悩む子どもがいれば「出口を見つけられる手伝いがしたい」とマリコは言う。それが自分にできる「救い」だと信じている。

＊

マリコが持参した聖書や教団の刊行物には、幼い頃に書いたメモがたくさん挟まっていた。聖書研究や集会で学んだことを書き留めたものだが、きれいな読みやすい字で細かく記してあり、几帳面で優等生的な性格がうかがえた。真面目で素直だからこそ、マリコは教えを受け止め、全うしようとして自分を追い詰めてしまったのではないだろうか。

小学生の時から始めた伝道活動では、訪問先に怖いおじさんや同級生もいたという。怖さや恥ずかしさ、嫌だと思う気持ちを「エホバが喜ぶから」と打ち消し、「楽しい、幸せなことだ」と気持ちをすり替える。だから、子ども自身もそれが「虐待」だと気付かない。菅沼は宗教二世の子どもたちが今も抱えているかもしれない苦しみを思うと、胸が締め付けられる思いがした。

## 全て神様のおかげ?――郁子の場合

取材班には旧統一教会やエホバの証人だけでなく、仏教系や神道系、その他多くの宗教団体の二世からもメッセージが寄せられていた。

そのうちの一人が、日本最古の新宗教と言われる天理教の二世、郁子（仮名）である。

教団のホームページによると、天理教は江戸時代の天保九年（一八三八年）、教祖・中山みき（一七九八～一八八七）によって始められた。国内を中心に約一万四〇〇〇の教会があり、信者は一二〇万人を数えるという。

教団には独特の用語がある。教祖は「おやさま」、神である天理王命（てんりおうのみこと）は親神（おやがみ）と呼ばれる。親神が人間を創造した場所を「ぢば」と称し、その「ぢば」を取り囲むように神殿や礼拝場が建てられているのが、本拠地の奈良県天理市だ。

文化庁の「宗教年鑑」（二〇二二年版）によると、天理教は明治時代に神道を宣教する教派として公認された「教派神道」の一つだったが、その後、自らの教団が神道ではないことを表明し、現在は諸教の中に含まれている。

教団の名称が自治体名になるほど、天理教の存在はある意味で世間に定着しているといっていいだろう。そんな印象があっただけに、天理教の二世がメッセージを寄せてくれたのは意外だった。

最初に野口が電話で話を聞いたが、もう少し詳しく知りたいと思った。そこで、高良が郁子の暮らす千葉県へ向かうことにした。大阪を出発したのは、寒さが身にこたえる冬の早朝である。新幹線から在来線へ乗り換え、昼ごろに郁子の自宅へ着いた。「もう昼食を済ませましたか?」。郁子は高良をねぎらい、お茶を出してくれた。ダイニングテーブルで向かい合った高良に、郁子は自らの体験を静かに語り始めた。

---

郁子(五〇代)は天理教の二世だ。中学時代の夏休み、秋の体育祭に向けて学校の係活動が予定されていた。郁子は参加できそうになかった。遠方で開かれる天理教の行事に、泊まりがけで行かなければならなかった。

---

つらいことも神の導き。だから耐えなければいけない——。そう自分に言い聞かせた。苦難は心を育てるために起きる必然、と繰り返し教わってきたから。だけど、胸の奥に押し殺した不安はいつまでもくすぶっていた。

「変わっているよね」

係活動に参加しなかった理由を尋ねる同級生に、郁子はためらいながら信仰を打ち明けた。私の家、天理教なんだ——。同級生の反応は冷たかった。「変わっているよね」。それ以来、学校では無視されることが続いた。

自分が否定され、傷ついたのに、そのことを直視しないようにした。「自分で乗り越えなければいけない。喜んで信仰を選ばないといけない」。それが天理教の教えだった。

母が入信したのは、郁子が幼い頃のことだ。引っ越した家の近くに教会があり、近所付き合いから通い始めた。郁子も、教会長の子どもたちと一緒に遊びながら育った。幼稚園に行った後は教会に行く。歌や楽器に合わせて、手を動かす「おつとめ」と呼ばれる儀式をするのが日課だった。

「神様のおかげ」。母も教会の人々もことあるごとに口にした。良いことがあると自分の努力ではなく、信心の結果だと教えられた。テストで良い点を取っても、高校や大学受験に合格しても、「神様が見ていてくれたから」と言われた。結果が悪い時は、「悪い心の使い方をしたからだ」と信仰の足りなさをたしなめられた。

信仰にまつわる大きなトラブルはなかったが、自分の努力が率直に認められないことに、自尊心を傷つけられる思いがした。その分、小さな幸運を探しては「これでよかった」と思うようにした。

## 「断ったら命は分からないぞ」

四〇代で長男を授かった際には「神様を信じてきたからだ」と感謝した。ところが、数年前に転機が訪れた。

夫は地区教会の教会長後継者と目されていた。上部組織である大教会から、家族で大教会に住み込んで無償で働くように言われた。突然の話に返事ができないでいると、郁子と夫らに対して大教会長はこうすごんだ。「強制ではないけれど、断ったら命は分からないぞ」

大教会は遠方にあり、会社を経営していた夫は仕事を辞めなければいけない。人生設計が大きく変わってしまうのに、脅迫めいた追い詰め方をされることにショックを受けた。

天理教を中心に生きてきた郁子に、相談する相手はいなかった。熱心な信者である母に相談しても「苦しい時も神様の何かの思し召しがある」と説かれるだけで、むなしさばかりが募った。

「もうこんな教会とは関わりたくない」。郁子は小学校入学前の長男を連れ、教団から離れることを決めた。

## 揺れる心、段ボール箱に封印

それでも、頭には幼いころから慣れ親しんできた教えがこびりついていた。教会への反発や、新しい生活への期待も「人を恨んじゃいけない」「欲を持ってはいけない」という教義がよぎり、心が揺れた。

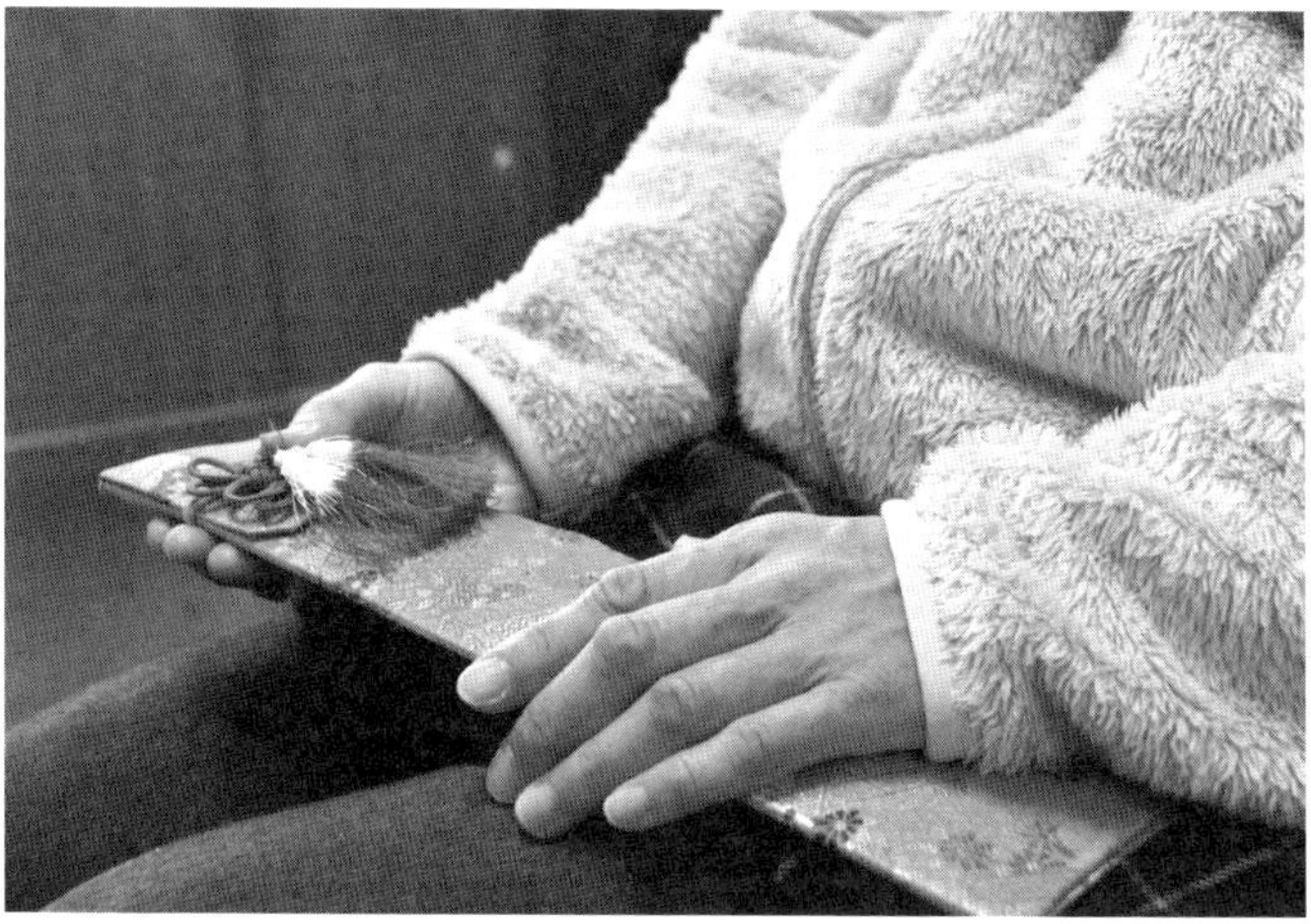

信仰生活の基本が示された紙を入れる袋を持つ郁子＝千葉県で 2022 年 12 月 16 日午後 1 時 19 分、高良駿輔撮影

ふと目に入った自宅の本棚には、天理教の教えについて書かれた本や資料がずらりと並んでいた。「これがあるからいけないのでは？」と段ボール箱に入れて封印し、見えない場所に置いた。

これまでは長男を天理教の行事に連れて行き、信仰を継承することに迷いはなかった。しかし今は、この世界にさまざまな宗教があることを意識的に教えている。

長男とともに神社を訪れ、かしわ手を打つ。天理教で慣れ親しんだ作法と違うことに不思議そうな顔をする長男に、「ここはここの神様の手の打ち方をするんだよ」と郁子は教える。クリスマスを祝う時も「いろんな神様がいるね」と伝える。

このやり方が正しいのか分からない。それでも、子どもに信仰を強制したくないという気持ちは郁子の中で揺らぐことがない。

＊

## 天理教の見解

天理教は二世の苦悩について、どのように考えているのだろうか。野口の取材に対し、教団の渉外広報課は文書で以下の回答をした。

——宗教二世の中には、「苦難は神様の導きのために耐えるべきだと教えられ、自分の悩みに向き合ってもらえず辛かった」「良い出来事も信仰の結果だとして努力を素直に認められなかった」などの声があります。

天理教では、自分自身や身の回りに生起する出来事を「ふし」と捉え、そこに込められた神意を熟考し、日々の心遣いを振り返り、私たちを陽気ぐらしから遠ざける自己中心的な心遣いがあるならば、それを積極的に改めて、「ふし」から陽気ぐらしの芽を出す努力をさせていただく大切さを説いています。それは、ただ難渋に耐えるというのではなく、世界中の人間を一人残さず救けたいという神様の思いを自分の心に治めるための成人への道であり、それを伝える者は、親身に寄り添い、丁寧に教え導く姿勢が求められます。

——献金を度々求められることに疑問を呈する声もあります。

献金（天理教では「お供え」）は、神様によって生かされている感謝の気持ちを自主的に表す行いの一つであり強制的なものではありません。その意義の共有が前提となると思います。——二世の中には教会を継ぐように圧力を掛けられたり、大教会で住み込みで働くように強制されそうになったりしたと言う方もいます。

天理教の教会は必ずしも世襲で継承すると決まっているわけではありませんが、教会長の子弟は幼少期から様々な教会活動に参加し、立派な信仰者となるように教え導かれます。そうした中で、教会長の子どもには教会長を継いで欲しいという期待や、上級の教会で修行して欲しいという周囲の期待もある場合が多いと思います。もちろん、こうしたことは強制ではありませんし、その判断は個々人の意志に委ねられています。現在、天理教の信仰世代の多くは四〜六世代目に入っていきます。今後も、信仰を伝えていくことについて丁寧に対応していきたいと思います。

郁子の話は、恋愛や世間との交わりを厳しく禁じられる旧統一教会やエホバの証人の二世の話とは趣が異なるかもしれない。ただ、信仰に伴う苦しみが精神を深く傷つけ、相談相手が見つからない孤独感は多くの宗教二世に共通していると野口は感じた。

第二章

# 教義と虐待

## 苦悩する児童相談所

政府は二〇二二年一二月一日、被害者救済に向けた新法案を持ち回り閣議で決定し、国会に提出した。法案の名称は「法人等による寄付の不当な勧誘の防止等に関する法律案」。信者による高額献金で、家庭が困窮に陥るなどの被害を防ぐための法案である。

法案ではまず、宗教団体などへの寄付を勧誘する際の配慮義務として、①自由な意思を抑圧し、適切な判断をすることが困難な状況に陥ることがないようにする、②寄付者やその配偶者・親族の生活の維持を困難にすることがないようにする③勧誘する法人等を明らかにし、寄付される財産の使途を誤認させるおそれがないようにする——の三点を定めた。

さらに、禁止行為として、①不退去（帰ってほしいと伝えても帰ってくれない）、②退去妨害（帰りたいのに帰してくれない）、③勧誘することを告げず退去困難な場所へ同行する、④威迫する言動を交えて相談の連絡を妨害する、⑤恋愛感情等に乗じ、関係の破綻を告知する、⑥霊感等による知見を用いた告知——の六類型を提示した。

これらは、旧統一教会の信者が「先祖供養しないとその病気は治らないですよ」「このつぼを買えば離婚を避けられますよ」などと相手の不安をあおってつぼや印鑑を購入させたり、高額献金をさせたりしていたことを念頭に置いている。

不当な勧誘により、困惑して寄付の意思表示をした場合はそれを取り消せることや、違反した法人への勧告・命令などの行政措置、罰則も盛り込んだ。

国会では旧統一教会の元二世信者、小川さゆり（活動名）が参考人として出席し、「短い間で法案を作り上げていただいた皆様に心から感謝したい」と声を詰まらせた。一方で、問題は救済法案が規制する献金だけにとどまらないと強調し、「来年の国会で子どもの宗教的虐待を防ぐ法律の成立をお願いしたい」と訴えた。

## 全国アンケートを実施

取材班はこうした国会の動きを見据え、児童相談所を設置する自治体への全国アンケートを準備していた。宗教を背景とする児童虐待に公的機関がどう対応してきたか、何が課題なのかを浮き彫りにするためだ。

児童相談所は、児童福祉法に基づき自治体が設置する機関である。原則一八歳未満の子どもに関して、本人や家族、学校、地域関係者らの相談・通告に応じている。相談内容は虐待だけでなく、不登校、非行、障害など子どもの養育に関するあらゆることを含む。

児童相談所には児童福祉司や児童心理司などの専門家が在籍し、相談に対する助言や説得をするほか、必要があれば子どもを家庭から一時的に切り離す「一時保護」、子どもを児童福祉施設に入所させたり、里親に委託したりするなどの「措置」も行う。

児童福祉法では都道府県と政令指定都市に設置が義務付けられているが、二〇〇四年と一六年の法改正に伴い、中核市と特別区も設置できるようになった。設置自治体は年々増え、二二年七月時点で七七自治体に二二九の児童相談所がある。取材班はこの七七自治体を調査対象とすることにした。

ただ、アンケートの文案を考えるのは容易ではなかった。過去に同種の調査をしたメディアはなかったし、国や自治体の統計データもなかったからだ。取材班の会議では「宗教団体に類似した組織やカルトとみなされる集団も含めるのか」「虐待には至らないグレーなケースはどうするのか」などと議論を交わした。

児童虐待に詳しい専門家のアドバイスも受け、二二年一〇月下旬にアンケートを送付。一一月中旬を回答期限とし、回答の分析や補足取材を重ねて一二月一九日付の毎日新聞朝刊に特集記事を掲載した。その内容を中心に、児童相談所が宗教を背景とする虐待にどう対応してきたのか、そして担当者らが何に悩んでいるのかを紹介したい。

## 「宗教的虐待」二九自治体で七八件

取材班がまずアンケートで尋ねたのは、宗教を背景とした子どもへの虐待（以下、宗教的虐待という）が疑われる通告や相談を二〇一七〜二二年度に児童相談所が受けた件数や対応状況などだ。

宗教的虐待に関する通告・相談を児童相談所が「受けたことがある」と回答したのは二九自治体で、

計七八件に上った。二九自治体のうち、本人や同居家族から相談を受けたのは五自治体。学校や警察、医療機関など第三者から通告を受けたのは二七自治体だった。本人や家族と第三者の両方から相談・通告を受けたのは三自治体だった。

児童相談所の対応種別を複数選択で聞いたところ、「関係機関と協議した」（一八自治体）、「在宅で保護者らを指導した」（一五自治体）との回答が多かった。一方で、一〇自治体が子どもを一時保護、五自治体が家庭裁判所に親権停止の申し立てをするなど、一時的に親子を引き離す措置をしていた。

一時保護した後、保護者の同意の下、別居する親族宅で子どもを生活させたとの回答もあった。担当者は「保護者の信仰に起因した不適切な養育があり、子どもにとって安心・安全な養育環境の確保が第一であると考えた」としている。

## 四割が「対応に迷った」

「信仰が関連していることで対応に迷ったことがあるか」との設問に対しては、二九自治体の四割に当たる一二自治体が「はい」と回答した。

その理由について聞くと、「信教の自由にどこまで踏み込めるのか分からない」「虐待と信仰の線引きが難しい」「明確な基準がない」「公的機関としての介入が難しい」などの回答があった。憲法で定められた「信教の自由」とのバランスに苦慮し、介入にためらう様子が浮かぶ。「虐待に宗教がどの程度影響しているか一見しただけでは分かりにくい」「子どもの生命に危険があっても、保護者が教義に逆らえない」などの意見もあった。

次に尋ねたのは、虐待相談や通告の内容だ。多くの自治体はプライバシーなどを理由に詳細を明らかにしなかったが、目立ったのは保護者が「医療拒否」をするケースだ。投薬を拒否した、▽輸血に親権者が同意しなかった、▽新生児に限定的な栄養しか与えず、生命の危険がある――など、少なくとも一六件あった。

両親が宗教上の理由で子どもの通院を拒否していると別居の姉から相談があったケースでは、両親による教義の曲解と経済困窮により通院できていないことが判明。子どもが姉宅で生活することで解決を図った。

その他、子どもが宗教行事に連れ回されて長期間不登校になった、▽保護者が子どもの意思に任せ、子どもの不登校を放置していた――など、教育機関からの通告とみられるケースもあった。

宗教的虐待に対応する指針を独自に策定している自治体はゼロだった。二〇自治体はそうした指針が「必要」と回答、四二自治体は「必要ない」と答えた。

宗教的虐待に対応するために法整備が必要かという設問には九自治体が「はい」と回答。七自治体が「いいえ」と回答した。「どちらとも言えない」が五七自治体と多かったが、自由記述では「現状のままでは届かぬ声をすくい取れない」と課題を指摘する声もあった。

## 自治体は宗教施設に介入できるのか

信仰の範囲内か、虐待か——。毎日新聞の調査に対し、多くの担当者が「信教の自由」とのバランスに苦慮した実例や、国への要望を寄せた。詳しく見ていきたい。

東日本のある県では、父親が宗教の教義に基づき、義務教育中の子どもを学校に通学させなかった。児童相談所や学校が説得を試みたが、父親は「家族内で教育します」と主張し、聞き入れなかった。健康状態や親子関係に差し迫った問題は見当たらず、児童相談所は子どもの一時保護に踏み切れなかった。

その後、両親が離婚し、父親と離れたことで子どもは登校するようになった。県の担当者は「命に関わることや明らかな虐待があればすぐに介入できるが、宗教上の教育方針が一般的なものと異なる場合、どこまで踏み込めるのか迷う」と明かした。

「厳格な宗教で食事制限や行動制限のある生活をしている子が「嫌だ」と言ったら、どこまで対応すべきなのか。極論「改宗」まで支援するのかなど、わからないことばかり」と回答したのは愛知県の担当者だ。「(自分たちは)宗教についての知識が圧倒的に不足しており、何がよくて何がよくないか、宗教の影響の見極めなど、指標がないのは困る」と国の支援を求めた。

横浜市の担当者も「信教の自由を理由に児童相談所などの介入が難しい現状がある」と指摘し、児童虐待防止法に具体的な判断基準や事例を盛り込むよう求めた。

西日本のある県では信者同士が共同生活を送り、世帯状況を把握しづらいケースがあった。信教の自由への配慮などから対応には細心の注意を払ったという。また、別の自治体は子どもが宗教団体の施設で生活している場合、教団側が児童相談所の介入を組織的に拒否する可能性があるとし、「対応に限界がある」と指摘した。

現状で児童相談所の権限は十分なのだろうか。岩手県の担当者は「虐待にあたる場合、文化庁や法務省などが宗教団体に指導できるような法整備が必要」との声を寄せた。

児童虐待防止法では虐待の恐れがある場合、児童相談所の職員が「児童の住所または居所」に立ち入り調査できる権限を定めている。ただ、厚生労働省の担当者は「基本的には親の虐待を想定しており、信教の自由もあるため、かなり具体的な疑いがなければ教団施設への立ち入りは難しいのではないか」と話す。

そもそも、虐待を把握することの難しさを訴える声も多かった。ある県の担当者は「世帯の経済状況は、特に家庭外から把握しづらい。具体的に子どもが食事をとっていないなどの現状があれば介入できるが、子どもの心理的な負担がどの程度なのかも把握しづらい」と回答した。

カルトと指摘される宗教団体では、マインドコントロールにより子どもが教義をかたくなに信じ込んでいるケースがある。銃撃事件の現場となった奈良県の担当者は「通常の虐待対応に加え、子ども自身の特殊な心理状況への理解や配慮が必要」と指摘した。別の自治体も「事件を通じ、そもそも把握できていないケースがあると感じた」と実態把握の必要性を訴えた。

## 信教の自由とは何か

そもそも信教の自由とは何なのだろうか。憲法二〇条一項前段は「信教の自由は、何人に対してもこれを保障する」と定める。

芦部信喜・高橋和之補訂『憲法』第七版（岩波書店、二〇一九年）によると、信教の自由には「信仰の自由」「宗教的行為の自由」「宗教的結社の自由」が含まれる。

信仰の自由とは宗教を信仰し、または信仰しないこと、信仰する宗教を選択し、または変更することを個人が決定する自由である。個人の内心における自由であって、絶対に侵すことは許されない。

この結果、国は個人に信仰の告白を強制したり、信仰に反する行為を強制したりすることを許されない。個人は信仰または不信仰によって特別の利益や不利益を受けない。両親が子どもに自己の好む宗教を教育し、宗教学校に進学させる自由もここから派生する。

一方、宗教的行為の自由は礼拝や祈とう、布教などの行為をする自由、ないしはそれらの行為をしない自由である。宗教的結社の自由は特定の宗教を宣伝し、共同で宗教的行為をすることを目的とした団体を結成する自由である。

もう一つ、重要な点は憲法が信教の自由とあわせて「政教分離」を規定していることだ。国家と宗教の分離である。

憲法二〇条一項後段で「いかなる宗教団体も、国から特権を受け、又は政治上の権力を行使してはならない」、三項で「国及びその機関は、宗教教育その他いかなる宗教的活動もしてはならない」と定める。八九条では「公金その他の公の財産は、宗教上の組織もしくは団体の使用、便益もしくは維持のため、……これを支出し、又はその利用に供してはならない」と規定する。

これは旧憲法下で国家と神道が結びつき、神格化された天皇による絶対的支配につながったこと、さらには特定の宗教に対する弾圧につながったことへの反省に基づく。国家の介入を防ぐことが、信教の自由を保障することにつながるという考え方だ。

## 判例が示す一定の制約

信教の自由が憲法で保障されているとはいえ、無制限に認められるわけではない。特に、それが宗教的行為として外に現れる場合、公共の安全や秩序、他者の権利と衝突し、制約を受ける場合がある。ただし、それも内心の自由に深く関わるため、制約を受けるかどうかは慎重な判断が必要になる。

宗教と子どもの問題を考える上で、重要な判例を二つ紹介したい。

一つ目は「日曜日授業参観事件」である。東京都内の公立小学校に通う児童が、キリスト教の牧師である両親が主宰する教会行事に出席するため、日曜日に開かれた学校の授業参観を欠席した。学校側は指導要録に「欠席」と記載したが、児童と両親は欠席扱いの取り消しと損害賠償を求めて提訴した。

一九八六年の東京地裁判決は、指導要録の記載が法律上の不利益を課するものではないとした上で、日曜日に授業参観をすることが教会行事と抵触することになったとしても、「法はこれを合理的根拠に基づくやむをえない制約として容認している」と指摘。国民の自由権が内心にとどまるものではなく外形的行為となって現れる以上、「一定の制約を受けざるをえないことについては信仰の自由も例外ではない」と判断し、児童や両親の訴えを退けた。

二つ目は「剣道実技拒否事件」である。神戸市立高等専門学校に通う生徒が、エホバの証人の教義に基づき、必修科目の剣道実技を拒否したところ、学校側は生徒を原級留置（留年）・退学処分とした。これに対し、生徒は信教の自由を侵害するとして取り消しを求めて提訴した。

一九九六年の最高裁判決は、生徒が剣道実技を拒否する理由は信仰の核心部分と密接に関連する上、退学処分などの不利益は極めて大きいと指摘。学校側の措置は「裁量権の範囲を超える違法なもの」と判断し、生徒側の主張を認めた。

## 子どもの権利は守られているか

憲法が保障する「信教の自由」の重みと過去の判例を振り返ると、国や自治体が介入に尻込みする事情が分からなくもない。

ただ、アンケート結果の分析を進める中で取材班の森口はぽつりとつぶやいた。「信教の自由を重んじた結果、子どもの命や権利が損なわれるのはおかしいですよね」。これは取材班の総意だった。

信教の自由が宗教的虐待を「タブー」とし、子どもの命や基本的人権が守られない状況を作り出しているとすれば本末転倒ではないか。信教の自由には、大人が子どもに自己の好む宗教を教育する自由だけでなく、子どもが自ら信仰を選ぶ、あるいは信仰しない自由も含まれているはずだ。

アンケートに対する自治体の回答には、ハッとさせられるものも少なくなかった。宗教的虐待に関する法整備について尋ねたところ、神奈川県は「成人し、子ども自身が判断して選択できるようになるまで信仰や宗教を強制されない、それが家族であってもできないと（法律で）明確に示すことができるのではないか」との意見を寄せた。

西日本のある自治体は「子どもたちが、自身が権利の主体であるということや、その権利の具体的な内容を知り、権利を侵害された場合にはSOSを出してよいということ、そのための具体的な方法があることを知ってもらえるような取り組みも必要だと考える」とつづった。

児童相談所の担当者たちが対応に迷いながらも、どうすれば子どもたちを守れるか真剣に考えていることが分かったのは、取材班にとっても勇気づけられることだった。

## 虐待に声上げられぬ子どもたち

調査対象とした七七自治体のうち、約四割にあたる二九自治体の児童相談所が宗教的虐待に対応した経験があるとの結果に、デスクの藤田は「意外と多いな」との印象を持った。対象期間は二〇一七年度以降であり、宗教的虐待が過去の問題ではなく、現在も続いている問題であることを示している。

一方で、七八件という件数は実態の一部を反映したものでしかないとも感じた。取材班がこれまで取材してきた宗教二世たちは、子ども時代に信仰を強制される苦しみを感じながら、それが虐待だとは気付かなかったり、誰に相談していいか分からず途方に暮れたりしていた。

児童相談所が虐待の疑いを把握したきっかけについて、本人や同居家族からの相談が少なく、学校や医療機関、警察など第三者からの通告が多かったというアンケート結果は、主に家庭内で起きる宗教的虐待を外部から把握することの難しさを物語っている。

才村純・東京通信大名誉教授（社会福祉学）は「多くのケースが児童相談所への通告に至らず、潜在している可能性がある。毎日新聞の調査に児童相談所が回答したケースは氷山の一角ではないか。信仰のあり方はすぐに改められるものではなく、子どもを一時保護した場合、どう家庭復帰を目指すかという課題もある。マインドコントロールされた子どもへの心理的ケアなども必要だ。児童相談所が当事者にアプローチして済むだけの問題ではなく、宗教団体にどう働きかけるかを国で検討していく必要がある」と話す。

## 逃げる場所があれば――エマの場合

取材班は宗教二世の取材をさらに深めようと当事者への接触を続けた。メールで連絡をくれたエマ

（仮名）は、高校生の時に保健室の養護教諭を通じて、児童相談所の職員に話を聞いてもらったことがあるという。野口と高良が連絡を取り、関西にある毎日新聞の支局で会うことにした。

「こんにちは」。快活にあいさつをしてくれたエマは、ワンピースがよく似合う都会的な女性だ。仕事に関する雑談で盛り上がった後、本題に入った。笑顔が印象的なエマだったが、家族の話になると涙がぽろぽろとこぼれ落ちた。それでも途切れることなく話し続けようとする姿は、この体験を分かってほしいというエマの強い意志を感じさせた。

**エマ（四〇代）の母は旧統一教会の信者だ。小学生の頃、祖母や弟が相次いで病気になった。母は「病気が治るからね」と、つぼをさするよう求めた。中学に上がると、将来は教団が決めた相手と「祝福結婚」するよう繰り返し言うようになった。**

母が突然消えた。リビングの引き出しにわずかな現金と、手紙が残されていた。「海外へ修行に行くので、これで二週間過ごしてください」――。父は仕事で忙しく、一人で家事をこなすしかなかった。朝早く起き、自分と弟の弁当を作った。高校からの帰り道に夕食の献立を考えた。「私もテストの勉強があるのにな」。やるせない思いが渦巻いた。

仲良しの男子生徒と下校したある日。玄関で待ち構えていた母はエマのほおや肩を何度もたたいた。「男の子と一緒に帰ってきたでしょ」。あっけに取られていると、はさみを向けられた。「あなたには霊が一〇〇個も二〇〇個も取りついている。長い髪は男を惑わす。切りなさい」

教義で禁じられた自由恋愛や性に関することを母は毛嫌いした。学習机の引き出しをあさって友達との交換日記を読み、恋愛に関する記述を見つけると激怒した。エマが自室に貼った憧れの女優のポスターには「いやらしい」と塩をまいた。「他のお母さんはどんなふうに接してくれるんだろう」。さみしさが募った。

高校生の頃、エマは早く自立したいとの思いでアルバイトに精を出したが、母はそのお金に目を付けた。「バイト代をためているでしょ。献金するから一〇万円下ろしてきて」。車で金融機関へ連れて行かれた。嫌だと拒んでも「あなたのためだから。家族のためだから」と折れなかった。つかみ合いの末、エマは逃げ帰った。母は生命保険や学資保険も解約し、献金総額は八〇〇〇万円に及んだ。

娘の気持ちも顧みず宗教へ傾倒する母に拒否感が募った。食事が喉を通らなくなり、体重は一週間で三キロほど落ちた。

エマの住む関西の地方都市に、旧統一教会の脱会支援に取り組む牧師らが講演に来た。一人で話を聞きに行ったが、相談する勇気はなかった。

## 児相の提案で家を離れて

「何か、しんどい思いをしていないか？」。ある日、高校で保健室の養護教諭から声を掛けられた。母に関する悩みを教諭に打ち明けると、その教諭は児童相談所に連絡した。

母と一緒に児童相談所へ行くと、職員は家庭の状況をあまり話そうとしない母をじっと観察し、「こんなところあるんですよ」と資料を差し出した。自治体が運営する宿泊施設に泊まらせてはどうかとの提案だった。明確な虐待は確認できなかったためか、エマを一時保護の対象にはしなかったが、何らかの対応が必要だと考えたのだろう。母は提案を受け入れた。

エマはその施設に計二週間ほど滞在した。食堂や掃除の手伝いをして過ごし、家庭とは別の場所で一息つくことができた。「母親と一緒にいるのはつらそうだったから」。児童相談所の職員は宿泊を勧めた理由をそう説明してくれた。エマは「子どもは虐待かどうか判断が難しいグレーな状況に苦しんでいることが多い。大人ができることを考えて、声を掛けてくれたのはうれしかった」と話す。

ただ、施設での滞在は一時的な避難にすぎず、家に帰ってからも宗教活動にのめり込む母の調子は変わらなかった。エマは「家庭がつらい時に子どもが親から逃げて、安心して休める場所が制度としてあれば」と願う。

## 山上被告の気持ちが分かる

社会人となった後もエマの心はうずき続けた。結婚して家庭を持つこと、子どもを育てることへの恐怖は消えなかった。交際した男性はいたが、エマの方から結婚の話を遠ざけ、相手に不安を抱かせるばかりだった。「私の人生、一体何と闘っているんだろう」。今も独身のままだ。

傷を負ったのはエマだけではない。幼少期、母の布教活動に連れ回された弟は心を病み、中学生の頃から引きこもりがちになった。「僕が一緒に回ったことで財産を失った人がいるかもしれない。犯罪者になったような気持ちがする」。弟はエマだけにぽつぽつと語ってくれたことがある。

エマにとって、安倍元首相の銃撃事件を起こした山上被告は関西で育った同世代だ。ニュースから目が離せず、幼い頃の自分の苦悩がよみがえった。

勤務先からの帰り道、周囲に人がいるのに涙がとめどなくあふれた。「彼にやらせてしまった」。殺人は決して許されることではないのに、教団を恨む気持ちを分かってしまう自分がいた。

実家では、父がそのニュースを見ていた。「俺ら親世代が解決しないといけなかったのに、この兄ちゃんにこんなことさせてしまった」。弟によると、父も泣いていたという。

似た光景を思い出した。約三〇年前、旧統一教会の合同結婚式や霊感商法が社会問題になった時も、父は「変なものにはまってしまって」と悔しげに語った。

仕事一筋で不在がちな父に不満がある母。母がすがった信仰を否定する父。間に挟まれた私は、何も言えなかった。「つらかったよね」。子どもの頃の自分を抱きしめてあげたいと思った。

宗教二世――。その言葉とともに、親の信仰の影響を受けて育つ子どもたちの葛藤が知られるようになった。「私は宗教二世だったんだ」。母を理解できず、自分の気持ちもないがしろにされてきたと感じてきたエマは、それが親子の問題だけではなかったと腑に落ちる思いがした。

「これ以上つらい思いをする子どもがいないようにしたい」。取材を受けたのはそんな願いからだ。この先、自分がどんな人生を選択していくのかは分からない。ただ、苦しいのは自分のせいでも、母のせいでもなかったと気付いた今、生涯つきまとってきた不安に区切りをつけ、新たな一歩を踏み出せる気がしている。

＊

「話を聞いてもらえてうれしい。こんなことを人に話せる日が来るなんて」。約三時間に及んだ取材の後、エマはそう語ったが、それは社会が宗教によって苦しむ子どもがいることに目を向けてこなかったことの裏返しである。エマと同世代である野口は、辛い境遇に置かれた女性が身近にいたかもしれないのに、そうした現実に目を向けてこなかった自分自身に恥じ入る思いがした。

野口の印象に残ったのは、エマが事件後に宗教二世という言葉を知り、初めて「私はこれだったんだ」と腑に落ちる思いがしたという話だ。幼少期から抱えてきた苦しみや、大人になっても家庭を持つことに抵抗を覚えた「心のうずき」が何に由来しているのか、エマ自身も事件が起きるまでは、はっきりと自覚することがなかったという。宗教二世という言葉は、多くの当事者が自らの経験に向き合うきっかけを作ったのかもしれない。

## 虐待と気づかなかった――小雪の場合

小雪（仮名）はインターネットのブログに自身の半生をつづることで、宗教二世としての体験に向き合っていた。「統一教会に心を奪われた母から受けたものは三〇歳を過ぎた今も心の傷となって精神をむしばんでいる」。一見、小説のようなスタイルで投稿された内容は重く、かつ詳細だ。

取材班の山田がツイッターのDMで連絡を取ると、長文で丁寧な返事をくれた。「私の体験を知ってほしい」という思いがあふれていた。パソコンの画面越しに、オンラインで取材に応じてくれた小雪はごく普通の三〇代女性に見えたが、話が母親との関係に及ぶと口調は鋭くなった。

小雪（三五）は旧統一教会の宗教二世だ。「母に愛されたい」。その一心で母の暴力やネグレクト（育児放棄）を我慢してきた。だが、その思いは金銭に執着する母の姿を見て揺らぐことになる。小雪の人生をたどってみたい。

その夜も、母は遅くまで帰らなかった。小学一年の時のこと。腹をすかせたのか、まだ赤ん坊だった妹が泣き出した。見よう見まねで粉ミルクをお湯で溶かした。哺乳瓶に必死で吸い付く妹を見て、胸が締め付けられた。帰宅した母は激高した。「勝手にミルクなんてあげて。死んだらお前はどう責任取るんだ」。殴られたほおの痛みに、じっと耐えた。

## 貧乏なのに金箔経典と白いつぼ

小雪が幼少の頃から、専業主婦の母は教会に入り浸った。保育園に預けられたが、いつも母の迎えは遅かった。がらんとした夜の園内で、一人ぽつんと待たされた記憶がある。

小学生の時、七歳下の妹が生まれた。母は妹をかわいがり、小雪には冷たく当たった。算数の問題が解けないと壁に押しつけられ、首を絞められた。「生意気」という漢字の読み方を聞くと、「お前みたいな子どものことよ」と言われた。

それでも文句を言わず、母の代わりに妹の面倒を見て寝かしつけた。会社員の父は深夜帰りが多く、一緒にいた記憶がない。「うちは貧乏だから」。それが母の口癖だった。風呂は二日に一回。服も数日着ないと洗ってもらえず、一週間同じ格好で登校したこともある。

中学生になると、母は更に、お金を出し渋るようになった。ノートやシャープペンシルを買いたいとせがむと、「なんでお年玉をためなかったのか」と小雪をなじった。頭にふけがたまり、男子生徒から「汚い」とからかわれた。

その頃からだ。自宅の玄関に白いつぼが並ぶようになった。「悪魔を吸い込んでくれる」。母はそう言い張り、タンスの上には金箔（きんぱく）のようなものが貼られた経典が飾られた。

母に好かれるため、小雪も宗教活動に熱を入れた。日曜日には早朝からお祈りをし、夏休みには泊まりがけの研修会に参加して教義を学んだ。高校を卒業して看護専門学校に進んだ頃、小雪は教団が決めた信者と結婚する「祝福結婚」を周りから勧められた。

「いつか真のお父様（教祖）が私のために白馬の王子様を選んでくれる」。そう信じ、教団の研修に参加する費用をためるため、アルバイトに励んだ。

## 悪魔の子とののしられ

小雪は勤務先のコンビニエンスストアで店長に恋をした。教義で禁じられた男女交際である。それを打ち明けると、母は職場に乗り込み、「二度と会わない」と店長に念書を書かせた。小雪に対しても「悪魔の子」とののしった。その後店長とは別れたが、小雪の心には深い傷が残った。

看護師として働き始めた二〇代前半の頃、初めて母から昼食に誘われた。食事の席で、母から耳を疑うようなことを言われた。「お金貸してほしいの。一〇〇万円」。小雪が「何に使うの。そんなの無理」と断ると、母は懇願した。「お願い。祝福のために必要なの。お金を借りられるところを教えるから」

連れていかれたのは消費者金融だった。借りた五〇万円を渡すと、母は満足した様子で家に帰った。小雪の心は急速に冷めた。母の目が向いていたのは自分ではなく、お金だった。母の頭の中には教団しかなかった。信者から集めた献金が何に使われたか分からないと思うと腹立たしくなり、小雪は教会にも行かなくなった。

その数年後、小雪が信者ではない一般男性と結婚した時のことだ。銀行で名義変更しようとすると、行員から「もう一つ口座がある」と教えられた。身に覚えはなかったが、嫌な予感がして母に電話した。「私の名前を使って銀行でも借金した?」。そう聞くと、母は悪びれる様子もなく言い放った。「したよ。通帳もある」。母に愛情を求める気持ちは、もう消えていた。

数年前、小雪は職場の人間関係が原因で心を病んだことがある。「働くこともできない自分は価値がない」と思い悩んでいたところ、父が母に殴られるという事態が重なった。父の目の周りにあるあざを見たら、吐き気が止まらなくなった。

宗教のこと、母のこと、全てを心療内科で話した。医師からは「お母さんと距離を取った方がいい」と助言された。

「私は子どもの頃からずっと虐待を受けていた」と小雪は言う。そのことを理解できたのは、つい最近のことだ。身体的な暴力だけではない。日々の暮らしも、心も、どん底だった。そして母も、何かゆがんだ感情を抱え、宗教によりどころを求めていたのだと今は思う。

小雪は自分が体験したことをインターネットのブログにつづり、同じ境遇にある宗教二世とも交流を始めた。「虐待を受けていても、その自覚がない子どもがいる。私のような思いをする二世が少しでも減ってほしい」と願っている。

*

厚生労働省は児童虐待防止法に基づき、児童虐待を「身体的虐待」「性的虐待」「ネグレクト」「心理的虐待」の四つに分類している。専門家によっては、子どもがためたお金を勝手に使い込むなどの「経済的虐待」を加えることもある。

旧統一教会では韓国での施設建設や大がかりな国際会議などの行事に多額の資金を必要とし、その多くを日本の信者による献金が支えてきた。そのため、旧統一教会の二世が幼少時からネグレクトや経済的虐待に苦しむケースが多いように思う。小雪もその一人だろう。

それなのに、子どもの時はそれが虐待だと気付かず、ただ親に愛してほしいとの思いから、親の意向に従ってしまう。親も信仰のため、救いのためだと信じ、虐待の自覚がないまま、我が子を傷つけ続ける。誰かがそれに気付いてあげなければ、子も親も、その軛（くびき）から解き放たれることはないのだ。

## 子を打つ手の痛み——良子の場合

宗教二世の取材を重ねる中で、二世の親がどんなことを考えているんだろうと気になっていた。取材班の高良はつてをたどって当事者を探すうち、我が子にむちを打ったことを悔やんでいる母親がいると聞いた。エホバの証人の「宗教一世」である良子（仮名）だ。大阪市内のカラオケボックスに現れた良子は穏やかで、物腰が柔らかい電話口の印象そのままだ。本当にこの人が自分の長男にむちを振るったのだろうか。高良はにわかには信じられないまま、良子の話に耳を傾けた。

**大阪市内に住む良子（五〇代）は「エホバの証人」の元信者だ。一部の信者の間では聖書の記述に基づき、子どもに「むち」を打つことがはびこった。良子もかつて、息子に繰り返し手を上げたことを後悔している一人だ。**

二歳の息子を膝の上でうつぶせにさせた。集会中にじっとしていなかった罰だ。本当に手を上げていいのか――。心は揺れたが、自分に言い聞かせた。「たたくことがこの子のためになる」。教えを思い浮かべ、小さな尻を平手で打った。息子の泣き声と手の痛みは、三〇年たった今も覚えている。

## 泣き叫ぶ口を押さえて

良子は一九歳の時に上京し、職場結婚した。長男を授かったのは二一歳の時。後に離婚した夫に妊娠中から暴力を振るわれ、体はあざだらけだった。

元夫は、泣き声がうるさいと生まれたばかりの長男にも手を上げた。「家を出たい」。そう悩んでいた頃、近くに住む信者に声を掛けられた。「聖書の勉強会に来てみない？」

集会に通うと、信者はみな親切だった。家庭での悩みを相談できる知人もおらず、孤独だった良子は、心の隙間(すきま)を埋めるように信仰を深めた。「誰かに愛されていたかった。宗教は自分と神との一対一の関係。神に愛されることで満たされる思いがした」と振り返る。

集会所には一畳ほどの暗い給湯室があった。流し台の引き出しにゴム製のむちが入っていた。聖書の勉強をしている時、幼い子どもたちはじっとしていられない。すると、親は子どもを給湯室に連れて行き、むちを打った。

当時は「むちが足りない」が信者らの口癖だった。互いを監視するように、他人のむち打ちにまで首を突っ込んだ。

「なんでこんなことをしなければならないのか」。良子は最初、強い抵抗を覚えた。信者らを束ねる長老に「本当に子どものためになるんですか」と聞くと、長老は「たたかないことは、子どもを憎んでいることになる」と諭した。

周りに促されるまま、良子はむちを打つようになった。泣き叫ぶ長男の口を押さえ、何度も。感覚がまひし、「正しいことをしている」と思うようになった。

長男が小学校低学年の頃、元夫と離婚し、長男と二人で暮らすようになった。中学二年の時、一人前の伝道者にしようとバプテスマ（浸礼）を受けさせたが、長男の信仰への関心は低くなるばかりだった。

中学三年の時、無理にでも集会へ連れて行こうと手を引っ張ると、長男はかたくなに拒んだ。集会所で隣に長男がいないのがさみしくて涙が出たが、家へ帰ると長男は優しく接してくれた。

良子の心には少しずつ、教義への疑問が生じた。信者が教義から逸脱すれば追放される「排斥」。家族でもほとんど口をきけず、関係が絶たれる。「それが愛ある神のすることなのか。何か間違った解釈をしているのではないか」。教えでは世界は滅びると予言していたが、滅びはいっこうに来なかった。

## 神が許さなくても

インターネット上では教団から離れた宗教二世たちが、幼い頃に受けた虐待について「大人になってからも心の傷として残っている」とつづっていた。「息子にも同じような傷を与えてしまった」。自分を許せない気持ちが日増しに強くなった。

伝道に生活をささげるエホバの証人では、大学に進学しない信者も多い。良子は長男が高校生になると「進学したかったら学費を出すからね」と声を掛けた。「自分には財産は残せない。せめて学力だけでも残してあげたい」との思いだった。

東日本大震災が起きた二〇一一年三月一一日。「今どこ？　大丈夫？」。良子は関東の大学に通っていた長男に電話で無事を確認した。大阪の実家に呼び寄せ、約一カ月間、親子で和やかな時間を過ごした。

関東へ戻る長男を、良子は新大阪駅のホームまで見送った。新幹線が発車する直前、長男の手を握って言った。「小さい時、何度もあなたをたたいた。取り返しのつかないことをしてしまった。本当にごめんなさい」

長男は優しく手を握り返し、笑顔でうなずいてくれた。動き出した新幹線の中から、長男のメールが届いた。「神やキリストが許さなくても、あなたが許せなくても、僕が許す」

その時、良子は教団から離れようと心を決めた。私は長男を愛してきたが、長男ははるかに深く、私を愛してくれていた。「長男に「許す」と言わせてしまった私の愛の形は間違っていた」

良子は今も夢を見る。幼い長男をたたこうとして、思いとどまる。「良かった。たたかなくて」。安心したところで目が覚める。自分の手を見つめ、我に返る。「長男は許してくれたけど、虐した事実は決して消せない。この罪を一生背負って生きていく」

＊

虐待で傷つくのは子どもだけではない。親もまた傷つき、生涯にわたって罪の意識にさいなまれ続ける場合がある。良子にとって愛や許しをくれたのは神ではなく、かつて自らが苦しめたはずの我が子だった。高良は、良子が自らの過去に正面から向き合おうとする姿に心を打たれながら、こう思った。宗教は何のために、誰のためにあるんだろう。考えれば考えるほど、答えが分からなくなった。

## それでも信仰を受け継ぐ――信二の場合

取材班のツイッターアカウントには、さまざまな声が寄せられていた。その中で一定数見受けられたのは、宗教二世も不幸な人たちばかりではない、との意見である。仏教やキリスト教などの伝統宗教では、代々にわたって親の信仰を継承している人は珍しくない。新宗教やカルトと呼ばれる団体であっても、親と同じ信仰に生きることに喜びを感じる子もいる。

ただ、生まれつき「信仰」を決められている点で、二世と一世では宗教への向き合い方が違うかもしれない。デスクの藤田はそんなことを考えながら、ある男性に出会った。エホバの証人の二世、信二（仮名）である。

神奈川県内のある駅で待ち合わせると、バックパックを背負った信二が現れた。車で来たという。「少し離れた場所に喫茶店がありますので、そこで話をしましょうか」。信二はそう言ってコインパーキングへ歩き出した。

信二の大柄な体に似つかわしくない小さな車だったが、ゆっくりと丁寧に運転する姿が印象に残った。店内で向き合った信二は何度も読み返したのだろう、年季の入った聖書をバックパックから取り出した。運ばれてきたコーヒーに少し口をつけた後、とつとつと自らの半生を語り始めた。

神奈川県に住む信二（五〇）は「エホバの証人」の二世信者だ。今も信仰を続けている。ただ、信二の人生は迷いとともにあった。そのわけに耳を傾けてみたい。

二本のレールの上でしか走れないという制約の中に無限の可能性がある。それが鉄道の魅力だ。一定の速度で移動しながら、車窓から見える風景は変化し続ける。列車の振動に身を委ねると、どこまでも遠くへ行けそうな気がする。

信仰にも教義という「制約」があるが、その中にこそ、喜びはあるのだ。

## 母の背中を追って

母が入信したのは一九七二年、信二が生まれて間もなくのことだ。

当時、日本では学生運動が過激化していた。仲間内で暴力を振るう凄惨な事件が相次ぎ、母は「なんで人はいがみ合うんだろう」と悩み、「自分も、子どももいつかは死ぬ」と不安になったそうだ。

「聖書に答えが書いてありますよ」。自宅を訪れた信者にそう誘われた母は、聖書研究に没頭したという。五年後、水の中に全身を浸すバプテスマ（浸礼）を受け、本格的な伝道生活に入った。

「エホバの証人」が発行する聖書を持つ信二＝神奈川県内で2022年11月17日午後3時43分、藤田剛撮影

幼い信二にとって、母の後ろについて地域の家々を訪ねて歩くのは苦痛ではなかった。世の中にはいろんな考えの人がいると実感できたし、母の話に関心を示してくれる人がいれば子ども心にもうれしかった。

教義上、クリスマスや誕生日を祝えないことも「人は人、自分は自分」だと割り切った。中学の時、母は月九〇時間ほどを伝道にささげる「開拓者」になった。

弟や二人の妹も信者だが、父だけは信仰を持たなかった。保険代理店を経営していた父は、疑わしいもうけ話に手を出すことが多く、母は苦労した。高校を卒業した信二は「お目付け役」として事務を手伝ったが、仕事のトラブルは続いた。二〇歳の時、両親は離婚した。

信二自身も順風満帆に人生を歩んできたわけではない。

二〇代の頃は信者仲間の誘いで建設関係の仕事をし、その後は工場からパンを配送するドライバーを長く務めた。信二は運転が好きで、同僚との仲も良かった。

だが、社長は「代わりはいくらでもいる」という考えの持ち主だった。信二は圧力を感じて心を病むようになった。休暇中に旅先で吐き気が治まらなくなり入院した。パニック障害やうつと診断された。その後も服薬しながら就職活動をしようとしたが、体調は安定せず、この一〇年ほどは定職に就いていない。

信者としても「エリート」ではない。母やきょうだいとは違い、信二は家族で唯一バプテスマを受けていない。人見知りで、家々を訪ねて聖書の話をする伝道が苦手だからだ。

その半面、聖書には人一倍向き合ってきた。一〇代後半から始めた聖書研究で指導を仰いだ「司会者」は八人。趣味の写真や運転経験を生かし、信者仲間との旅行で重宝されることもある。

## 迷いの末、見つけた居場所

そんな信二だが、高校生の頃から「このまま、この宗教を信じていいのか」と迷いながら生きてきた。一世である母は自らの意思で信仰を選んだが、二世である自分は生まれつき、その環境に置かれただけだ。

父方の祖母は天理教を信仰していた。もし父が熱心な信者だったら、自分も天理教に入信していたかもしれない。自分がエホバの証人であることの必然性はあるのか。

お買い上げ、ありがとうございました。
今後の出版物の参考といたしたく、ご記入、ご投函いただければ幸いに存じます。

| ふりがな<br>お 名 前 | 年齢 | 性別 |
|---|---|---|
| | | |

ご 住 所 〒 -

TEL ( ) FAX ( )

| メールアドレス | ご職業（または学校名） |
|---|---|
| | |

| ＊図書目録のご希望 | ＊ジャンル別などのご案内（不定期）のご希望 |
|---|---|
| □ある<br>□ない | □ある：ジャンル（ ）<br>□ない |

書籍のタイトル

◆本書を何でお知りになりましたか？
□新聞・雑誌の広告…掲載紙誌名[ ]
□書評・紹介記事……掲載紙誌名[ ]
□店頭で □知人のすすめ □弊社からの案内 □弊社ホームページ
□ネット書店 [ ] □その他[ ]

◆本書についてのご意見・ご感想

| | | | |
|---|---|---|---|
| ■定　価 | □安い（満足） | □ほどほど | □高い（不満） |
| ■カバーデザイン | □良い | □ふつう | □悪い・ふさわしくない |
| ■内　容 | □良い | □ふつう | □期待はずれ |

■その他お気づきの点、ご質問、ご感想など、ご自由にお書き下さい。

◆本書をお買い上げの書店
[ 市・区・町・村 書店 店]

◆今後どのような書籍をお望みですか？
今関心をお持ちのテーマ・人・ジャンル、また翻訳希望の本など、何でもお書き下さい。

◆ご購読紙 (1)朝日 (2)読売 (3)毎日 (4)日経 (5)その他[ 新聞]
◆定期ご購読の雑誌 [ ]

ご協力ありがとうございました。

ご意見などを弊社ホームページなどでご紹介させていただくことがあります。 □諾 □否

◆ご 注 文 書◆ このハガキで弊社刊行物をご注文いただけます。
□ご指定の書店でお受取り……下欄に書店名と所在地域、わかれば電話番号をご記入下さい。
□代金引換郵便にてお受取り…送料+手数料として500円かかります(表記ご住所宛のみ)。

| | |
|---|---|
| 書名 | 冊 |
| 書名 | 冊 |

| | |
|---|---|
| ご指定の書店・支店名 | 書店の所在地域<br>都・道 府・県　市・区 町・村 |
| | 書店の電話番号 ( ) |

信二は成人してからも、仕事や自分の将来に悩むたび、自問してきた。「私はエホバに身を委ねられるのか。本当に信じられる心があるのか」

くじけそうになった時、信二が思い浮かべる聖書の一節にはこうある。「人が弱い時にこそ、私の力は完全に発揮される」。病の苦しみを取り除いてほしいと訴える使徒パウロに対し、エホバ（神）が答えた言葉だと信二は言う。「人の弱さは消えないけれど、それでもあなたは頑張れるという励ましだと思います」

安倍元首相の銃撃事件をきっかけに、多くの宗教二世が親の信仰を強制され、自由を奪われる苦しみを訴えてきた。エホバの証人の二世たちも同じだ。そのことを問うと、信二は少し考え、静かに答えた。「私の見ている世界が全てではないと思います。ただ、私にとってはここが居場所なんです。聖書を勉強しているから、こんな自分でも「生きていよう」と思えるんです」

＊

信二と別れた後、藤田は旧統一教会で信仰を続ける二世や三世のことを思い浮かべた。エホバの証人と同様、旧統一教会の教義も、一般社会では「異端」「カルト」などと言われる。しかし、教団が高額献金などの問題で批判されることと、個々の信者が信仰に従って生きることは別の問題である。私たちが彼らに石を投げ、社会から排除しようとするならば、私たちの社会自体がカルトと同じ排他性を持つことになりはしないだろうか。信仰の自由を尊重しながら、子どもが信仰を強制されない、信仰によって命や人権を脅かされない社会にするためには、どうすればいいんだろう。藤田には、それが解けないパズルのように思えた。

## 厚生労働省が初の指針

厚生労働省は二〇二二年一二月二七日、宗教的虐待の対応指針を初めてまとめ、全国の自治体に通知した。正式名称は「宗教の信仰等に関係する児童虐待等への対応に関するQ＆A」。判断基準があいまいだった宗教的虐待の具体例を示した点が画期的だった。

指針では背景に宗教などの信仰があったとしても、児童虐待防止法が規定する児童虐待の定義に該当すれば一時保護などの措置を含めた対応が必要だと明記した。その上で思想、良心および信教の自由について児童の権利を尊重すべきこと、児童の場合には必ずしも自由意思の下で宗教等を信仰しているとは限らないことなども踏まえ、虐待が疑われる場合は迅速に対応することを求めた。

これらは考えてみれば当たり前のことである。ただ、過去には親の「信教の自由」を尊重するあまり、子どもの権利がないがしろにされるケースがあったことを省みれば、子どもの側に立って判断するという原則を示したのは重要なことだった。

指針では、「身体的虐待」「性的虐待」「ネグレクト」「心理的虐待」という虐待類型に従い、以下のように具体例を示している。

宗教活動への参加を体罰で強制する、真面目に話を聞いていなかったなどの理由でたたく、むちで打つ、長時間同じ姿勢を強要するなどの行為は「身体的虐待」。教育と称し、年齢に見合わない性的な表現を含んだ資料を見せる、自身の性に関する経験等を話すよう強制するなどの行為は「性的虐待」。医療機関の受診や輸血などの治療行為を受けさせない、宗教活動を通じた金銭の使い込みにより、適切な住環境、衣服、食事などを提供しないなどの行為は「ネグレクト」。言葉や映像、資料により恐怖をあおる、脅す、無視する、交友や結婚の制限のため脅迫や拒否的な態度を示す、友人などを「敵」「サタン」と称するなどの行為は「心理的虐待」に該当する。

## 国に届いた二世の声

特に多くの例が示されたのは心理的虐待である。信仰が内心に関わるものである以上、当然ではあるが、旧統一教会や「エホバの証人」の教義と重なるものも多く、国の通知としては踏み込んだ印象だ。当事者である宗教二世たちはどのように受け止めたのだろうか。

「宗教に関係した虐待に初めて踏み込んでくれた。声をくんでくれてうれしい」――。取材班の高良にそう話したのは、「エホバの証人」の信者だった夏野なな（仮名）だ。

夏野は三歳の頃から週三回、エホバの集会に通った。ノートへの落書きや居眠りが見つかると父に廊下へ連れ出され、服を脱がされて尻を平手や革製のベルトでたたかれた。「たたいてしつけないと子どもも親も滅ぼされる」と父は力説した。中学生になっても、それは続いた。

漫画やアニメは「世の書籍」だと言われ、禁止された。読むのが許されたのは教団の出版物や新聞だけ。周囲の友達がアニメ「セーラームーン」のキャラクターになりきって遊んでいても、夏野には意味が分からなかった。

新聞を読んでいたから、読み書きはよくできた。友達が国立大の付属中学を受験すると聞き、夏野も中学受験を望んだが、「宗教活動に割く時間が減る」との理由で認めてもらえなかった。

「宗教活動が中心の生活は何も楽しくなかった」と振り返る。一〇歳の頃には同居していた叔母も家を出て、父と二人きり。暴力を振るう父が嫌いで、中学生になると友人の家に泊まるなど家出を繰り返した。集会への参加を拒むたびに、父にむちで打たれた。「お前のためだ」と言われたが、うわべだけの言葉にしか聞こえなかった。

警察に保護された時、父の暴行や宗教活動の強制を訴えたこともあったが、相手にしてもらえなかった。

今回の指針は宗教活動中であっても、子どもをたたいたり、むちで打ったりする行為を「身体的虐待」と明示した。子どもを脅すなどして進学を認めないことも「心理的虐待」に当たると指摘した。

夏野は「宗教二世の子どもの訴えはこれまで届きにくかった。周囲の大人は指針を参考にして、SOSを発する子どもがいたら耳を傾けてあげてほしい」と話す。

母が旧統一教会の信者だった関東地方の女性（四〇代）も「これまで宗教は踏み込みづらい問題と考えられてきたが、社会が変わってきたことを心強く感じる」と宮川の取材に喜びを語った。

女性は母に促され、中学生の頃から教会に通った。「言うことを聞かないと、この家で暮らしていけなくなる」と恐怖を感じ、嫌とは言えなかったという。「迫害されるかもしれないから、教会のことを他の人に言ってはいけない」と言われて育った。それだけに、「自分の状況を打ち明けられない子もいるだろう。相談窓口などを周知するのも大事だ」と指摘する。

一方で、女性は宗教二世の子どもたちが偏見にさらされることも懸念する。「さまざまな問題が明らかになってから、旧統一教会への風当たりが強くなった。教師や周囲の大人は子どもたちを傷つけることのないよう、十分配慮してほしい」と求めた。

## 銃撃事件に重ねた思い

二〇二三年は激動のうちに幕を閉じ、新しい年が明けた。

二〇二三年一月一三日、奈良地検は安倍元首相を手製銃で殺害したとして、山上被告を殺人と銃刀法違反（発射、加重所持）の罪で起訴した。一七〇日間にわたる鑑定留置が続いていたが、地検は精神鑑定の結果などを踏まえ、山上被告に刑事責任能力があると判断した。

ただ、旧統一教会への恨みと安倍元首相の殺害という行為の間には、依然として大きな飛躍がある。関係者の証言から、山上被告の生い立ちを振り返っておきたい。

山上被告は一九八〇年九月、三人きょうだいの次男として生まれた。父親はトンネル工事を請け負う建設会社の役員を務め、母親はこの会社の社長の娘だった。いずれも国内トップクラスの国公立大を卒業し、親族には弁護士や医師がいる「エリート一家」と言われたが、結婚後の生活は暗転した。

父親は山上被告が四歳の頃に自殺。山上被告の一つ年上の兄は幼い時に小児がんを患って右目を失明した。

親族によると、母親が旧統一教会に入信したのは山上被告が小学校高学年だった一九九一年ごろだ。「家庭がうまくいかず、夫も亡くなって苦しかった。そんな私を救ってくれた」。母親は知人にこう漏らしたという。

母親は入信時に二〇〇〇万円を献金し、さらに献金を重ねて信仰にのめり込んだ。献金総額は少なくとも一億円に上り、母親は二〇〇二年に自己破産した。

山上被告は奈良県でも有数の進学校とされる県立高校に通い、応援部に所属した。生真面目な性格で、「ダンチョー」というあだ名で呼ばれた。困窮のため大学進学を断念し、海上自衛隊に入隊。〇五年には妹らに生命保険金を渡そうと自殺を図ったという。

自衛隊をやめた後は、測量会社や工場など職を転々とした。一九年秋にツイッターアカウントを開設し、旧統一教会への恨みをつづり始めた。二〇年末には、第三者のブログにこう書き込んだ。〈復讐は己でやってこそ意味がある。不思議な事に私も喉（のど）から手が出るほど銃が欲しいのだ〉

山上被告は一人暮らしをしていた奈良市内のマンションで銃の密造を試みるようになった。インターネットで製造方法を調べ、鉄パイプや木材、配線コードなどを組み合わせて、少なくとも六丁を完成させた。

自宅以外にもガレージを借り、銃弾を発射するために必要な火薬を作る拠点として利用した。銃の製造などに充てるため借金を重ねた。そして事件が起きる約一カ月前の二二年六月上旬、大阪府内の会社を自己都合退職し、無職となった。

山上被告は事件後、不当な寄付勧誘を規制する法案が成立したことについて「被害者が救済されることを願っている」と接見した弁護士に話したという。ただ、宗教二世という存在にどのような感情を抱いているのか、正確なところは分からない。

山上被告は二一年五月、ツイッターにこのようにつづった。〈二世の苦しみか。実に下らない。親を殺してニュースになる二世が現れて統一教会の名が出れば許してやろうかとも思うが〉〈宗教二世の「結婚ガー就職ガー孤立ガー」なんてカルトのやってきた事に比べりゃ随分高尚なお話なことだ〉

## 彼の苦しみは私の苦しみ

多くの宗教二世が事件の背景にある山上被告の境遇に、自らの半生を重ね合わせてきた。

「宗教がなければと、被告は苦しんだのではないか。私がそうだった」――。取材班の山田にそう語ったのは、「エホバの証人」の二世として育った男性（四五）である。子どもより宗教を優先する親、困窮する生活、狭められた進路。「宗教に翻弄された人生だった」と振り返る。

男性は京都府内ではんこ職人の父と専業主婦の母のもとに生まれた。子育てに悩んだ母は宗教によりどころを求めた。六歳の時、家族で「エホバの証人」の信者になった。父は腕の良い職人で稼ぎもあったが、はんこは開運など他の宗教を連想させるとして廃業した。

その後は職を転々とし、老朽化した狭いアパートへ転居した。大人になってから母に「どれだけ苦しんだか分かる？」と聞いたことがある。母は「つらい思いをしていたことは分からなかった。申し訳ない」と謝罪したが、信仰が間違っているとは決して言わなかった。

父が職を転々として経済的にも苦しかった。男性は高校卒業後、IT関連会社に就職。何度か転職したが、その度に大卒との差を痛感した。

二一歳の時、かつて交際した女性が脳腫瘍で亡くなった。しかし、宗教上葬儀には参加できなかった。「大切な人を見送ることもできない宗教に意味があるのか」。それが信仰から離れるきっかけになった。

男性は最近、「子どものころに宗教を選ぶ権利があれば、違う人生もあったのでは」と思う。暴力を肯定するつもりはないが、事件をきっかけに宗教二世の存在に光が当たったのも事実だ。「宗教に翻弄されている子どもは今もいる。彼らが人生を選択できるよう、社会が手を差し伸べてほしい」

## 一万三〇〇〇筆の署名

もう一人、事件にひとかたならぬ思いを抱く二世を紹介したい。山上被告に対する刑の軽減を求める署名活動を続ける斉藤恵（五九）である。取材班デスクの藤田が東京都内の喫茶店で向き合うと、斉藤は自らの言葉を何度も吟味しながら、思いを吐露した。

斉藤の父は公認会計士。母は主婦で、旧統一教会とは別の新宗教に傾倒していた。「過干渉な母でした。子どもの頃から毎日、宗教の話を聞かされました。少しでも反論すると、私を言い負かすために何日でも議論を続ける性格でした」

斉藤は小学生の頃から学校で凄絶ないじめを受けた。男子に囲まれて床にたたきつけられ、容姿をからかわれた。「学校に行きたくない」とせがんでも、母は許してくれなかった。ぜんそくがひどくても、病院に連れていってもらえなかった。

宗教の教義を強制されることはなかったが、「女は男より一歩後ろに下がるもの」という価値観、母が理想とする女性像を押しつけられた。かわいい服、派手な服を着たいと望んでも、「もっと地味な服にしなさい」と言われた。周囲の女子と比べ、劣等感にさいなまれる日々だった。その影響だろうか。「女であること」が苦痛になった。

いじめは中学卒業まで九年間続いた。学校でも、家に帰っても「地獄」。成績が良いことだけが取りえだった。都内有数の私立女子高校に進学したが、補欠合格だったから、入学後は成績は下の方になった。「学校に行くとみじめな気持ちになりました。現実を直視できず、二年で中退しました」

演劇や音楽などに興味があり、通信制の高校に通って美術大に進学した。卒業後は家を出て、CM撮影などに使う小道具を製作するアシスタントとして働いた。「とにかく自由な場所で働きたい」と思った。

しかし、次第に仕事は減り、転職を余儀なくされた。飲食店のアルバイトなどで複数のことを同時にこなせず、上司に怒られるのが苦痛だった。

女性は自由に生きられず、「奴隷」のように家事をさせられるだけ——。そんな価値観から抜け出せず、三〇歳を過ぎた頃には「女であること」が耐えがたいものになっていた。斉藤は家庭裁判所に精神科医の診断書を提出し、戸籍上の名前を男性的なものに変えた。手術が必要な性別変更はしなかった。

男性ホルモンを注射し、短髪にズボン姿。男性と名乗り、金属加工工場で溶接の仕事についた。朝から働き、翌日未明まで残業が続く生活に体が持たず、一年で退職した。

ポスティングやレンタルビデオ店のアルバイトで生活をつないだが、男として生きることは、思っていたほど楽ではなかった。

斉藤の性自認は揺れた。子どもの頃から憧れていたのはかわいくて、派手な女性。それって、自分は「女」ってことなんじゃないか。一方で、そんな女性になれる自信はなかった。

「男」と言い張って生きる苦労と、「女」であることの違和感。その間で悩みながらも、幼い頃から母に押しつけられてきたイメージとは違う女性として生きてみようと思った。四〇代後半で実家に戻り、翌年、両親は高齢者施設に入った。ほどなくして父は他界した。

斉藤は今、都内のマンションで一人暮らす。パソコンを学び、音楽制作やデザインの勉強も始めた。かつて、化粧をすると罪悪感で体が熱くなったが、次第に「女」である自分に慣れていった。

そんな時に起きたのが銃撃事件だった。旧統一教会と母の宗教は違う。山上被告と自らの境遇には差がある。それでも、斉藤は「今すぐに何かしなければ」と突き動かされるように刑の減軽を求める署名活動を始めた。

活動には賛否両方の反応がある。旧統一教会の二世から「殺人を犯すような人と一緒にされたくない」と批判されることもあるという。斉藤はそうした温度差も踏まえた上で、事件をきっかけに明らかになった二世の苦悩や、宗教と政治を巡る問題をうやむやにしてほしくないと訴える。

自分らしく生きることを抑圧され、苦しむ人が一人でも減ってほしい——。斉藤がそんな思いを込めた活動には、約一万三〇〇〇筆の署名が集まっている。

第三章

# 誰が輸血を拒むのか

## ある男児の失血死

取材班は、児童相談所を設置する自治体へのアンケートで回答の多かった「医療拒否」の問題を掘り下げる必要があると考えていた。宗教的虐待の中でも、子どもの命や健康に直結するテーマである。過去の事例を調べると、一つの交通事故を報じる記事が目に留まった。

「交通事故の少年死ぬ　両親が輸血拒否『宗教上の理由から』　川崎」

一九八五（昭和六〇）年六月七日付の毎日新聞夕刊社会面に、縦四段の大きな見出しが掲げられていた。記事は事故の経緯を以下のように伝えている。

「八五年六月六日午後四時半ごろ、川崎市高津区の県道交差点で、自転車に乗っていた小学五年の男児（一〇）がダンプカーと接触し、両足を骨折して市内の聖マリアンナ医科大病院に運ばれた。一カ月の重傷と診断されたが、両親が信仰上の教えを理由に輸血治療を拒否。男児は五時間後に出血多量によるショックで死亡した。神奈川県警高津署は司法解剖して死因を調べる一方、医師と両親からも詳しい事情を聴いている」

紙面には、まだあどけなさが残る男児の顔写真も掲載されていた。

記事によると、病院に運ばれた時、男児の意識ははっきりしていた。担当医が両親に輸血の必要性を説明したが、「エホバの証人」の信者である両親は「たとえ息子が死に至ることがあっても聖書の教えにそむいて輸血を受けることはできない。輸血なしで万全の治療をしてほしい」と記した決意書を提出し、輸血を拒んだ。医師が男児に「輸血してもらうようお父さんに言いなさい」と呼びかけると、男児は「死にたくない。生きたい」と訴えたという。

八五年六月八日付朝刊の続報によると、司法解剖の結果、男児は失血死と判明した。搬送先となった聖マリアンナ医科大の理事長が厚生省（当時）を訪れ、「午後五時から同九時までの四時間にわたり、輸血に同意するよう（両親を）説得した。輸血ができなかったため、手術もできなかった。残念だった」と当時の状況を説明した。

その三日後の朝刊で、毎日新聞は「あまりにも痛ましい輸血拒否」と題する社説を掲載した。「宗教と医療の衝突が生んだ痛ましいニュースだが、幼い人命がからんでいるだけに重い問いかけであったといえよう。輸血で救える可能性はどの程度あったのか、少年の意思表示の任意性、両親に対する医師の説得の仕方など、くわしい状況を客観的に把握することは困難だし、もともと論理的に割り切ることのできない性質のことがらでもある。従ってこのケースについての直接の論評は控えたいが、少年の死という結末に胸を突かれる思いをした人は少なくないだろう。私たちも、同様のケースが繰り返されないよう祈りたい気持ちである」と記している。

「エホバの証人」の名前とともに、この輸血拒否事件は社会に大きな反響を巻き起こした。信仰の自由と医師の裁量権、子どもの命などを巡って議論が交わされ、当事者を追ったノンフィクション作品はテレビドラマにもなった。

「この事件が起きてから、社会は輸血拒否の問題にどう対応してきたのだろう」。取材班の会議で、野口が問題提起した。宗教と子どもをテーマに取材しようと考えていた時から、この事件のことが念頭にあったという。医療分野に詳しい菅沼は、医療機関の対応や現場の医師たちがどう考えているかに関心があった。これまで警察担当として虐待事件を取材してきた山田や森口は、過去の事件でも医療ネグレクトと呼ばれる事案があることを思い出していた。デスクの藤田は「まずは子ども時代に輸血拒否を経験したことがある宗教二世を探そう」と呼び掛けた。信仰と命という重いテーマを前に、記者たちは身の引き締まる思いがした。

## 震える手で同意書——大地の場合

取材班で真っ先に当事者を見つけてきたのは森口である。二〇二二年一一月中旬、待ち合わせた東京都内のカフェに大地（仮名）はカジュアルな服装で現れた。つらい体験を語ってもらうことになるかもしれないと考え、森口が少し緊張していると、大地は「レコーダーは回さなくて大丈夫ですか？　ゆっくりでいいですよ」と気遣ってくれた。物腰は柔らかく、笑顔も交えながら話し始めた大地だったが、手術や母親との関係に話が及ぶと表情は一変した。

**大地（三〇代）は「エホバの証人」の二世だ。聖書を重んじる教義に基づき、一五歳の時に病院で輸血拒否を宣言し、「無輸血」での手術を受けた。中学を卒業したばかりの少年にとって、それがどのような経験だったのか。大地が語り始めた。**

「救ってくださるなら一生をささげます」。オペ室に向かう直前、泣きながら神に祈った。手術台で麻酔を打たれ、薄れてゆく意識の中で考えた。「死んだらどうしよう。短い人生だったな」

## 無輸血手術「責任は負えません」

三歳の頃から母に連れられて集会に通った。中学生になると、母や他の信者と地域の家を回って布教活動をした。信仰に熱心だったのは「母の愛情がほしかったから」だと大地は言う。

高校進学を目前に控えた春休み。自宅のベッドで横になっていると、肺を圧迫されるような違和感を感じた。痛みが増し、数日後には座っているのがやっとになった。

母と近所の病院へ行った。診察室で見せられたレントゲン写真には肺付近に白い影があった。肺に穴が開き、空気が漏れる「自然気胸」だと診断された。医師は「すぐに手術した方がいい」と勧めたが、横にいた母が口を開いた。「私たちはエホバの証人なので輸血ができません」

一瞬、あっけにとられた。エホバの証人が輸血を拒否することは知っていたが、自分の身に起こるとは想像もしなかった。その間も胸は痛み、息をするたびに体が重くなる。手術をしないと危ないと自分でも分かっていたが、母の意思は固かった。

その医師の紹介で、「無輸血」での手術を実施している病院へ向かった。そこでは大地が自ら「僕はエホバの証人で輸血ができません」と伝えた。隣にいる母を悲しませたくなかったからだ。医師が差し出した同意書には「なにが起きても責任は負えません」と書かれていた。

輸血できないって、普通のことじゃないんだ――。震える手で同意書にサインをした。すぐに手術が始まったが、その直前まで「力を与えてください」と神に祈り続けた。

病室のベッドで目覚めた時、窓の外は暗くなっていた。数時間の手術を終えた大地に、看護師が「よく頑張りましたね」と声を掛けてくれた。しばらく何も考えられなかったが、「神様ありがとう」と感謝の気持ちがわいてきた。

翌朝、母は「よく耐えたね」「（輸血拒否の）意見を表明して良かった」と褒めてくれた。見舞いに来た男性信者から「どうだった？」と聞かれた時も、大地は「輸血することなく手術は成功しました。神様のおかげですね」と答えた。

当時はそのことに、何の疑問も抱かなかった。「神様に生かしてもらった」と感じ、もっと信仰に打ち込もうと決めた。

## 「お前はサタン」消えぬ孤独

高校生になった大地はバプテスマ（浸礼）を受け、正式な信者となった。他の多くの信者と同様、輸血を拒否する意思を示すカードに氏名を記入し、持ち歩くようになった。

大学へ進学後も布教活動を続けた。しかし、年齢とともに信仰への疑問は膨らんでいた。根底にあったのは、小さい頃から感じていた孤独だ。

母が喜ぶのは、教義に沿った言動をした時だけだ。中学の時、「神様が大事って言うけど、それって自分の考えがないということじゃないか」と疑問をぶつけた。母は激高し、「お前はサタンだ」と怒鳴った。

高校生の時、信仰を続ける自分とは別に、もう一人の自分が「死ね、殺せ」と話す声が頭の中で響いていた。大学生の頃、「死にたい」と思って「いのちの電話」にかけてみたこともある。「自分のことを家族に理解してほしい、いつかは分かってくれると思っていた。だけど、ずっと変わらなかった」と大地は言う。

数年前、仕事で一時、海外へ赴任し、母や日本から離れたことが、信仰を見直すきっかけになった。熱心な信者である母の立場を案じて脱会はしていないが、今は集会や布教活動には参加していない。

## 子どもに選択肢はあるか

大地の右脇腹には今も手術痕が残っている。「今思うと怖いですよ」。一五歳の自分が、本当に無輸血手術のリスクを理解して同意書にサインしたとは思えない。ただ母を喜ばせたい一心だったからだ。「一番の問題は子どもに選択肢がないこと。親が信者だと、子ども自身が不安に思っていても無輸血手術を選ぶしかなくなる」と大地は言う。

もし今の自分が意識を失い、輸血が必要な状況になったら母はどうするだろう、と大地は想像する。「きっと母は輸血をしないことを選ぶと思う。それは悲しいし、さみしい。けれど、母は心から子どもを救っていると信じているんです。僕が死んでしまう結果になったとしても」

＊

大地は終始落ち着いた口調だったが、手術に臨んだ際の恐怖と緊張感が、森口には痛いほど伝わってきた。熱心な信者だった母を悲しませたくなかったからこそ、一五歳という若さで自ら輸血拒否の意思を表明したのだろう。大地の心のうちを思うと、森口は胸が苦しくなった。

教団から離れた大地だが、聖書の教えや母のことは今も愛しているという。「信仰をしていない母は、どんな人だったんだろう」。ただ普通に親子の会話をしてみたいという大地の願いは、今もかなえられていない。

## 輸血拒否の論理

エホバの証人はなぜ輸血を拒むのだろうか。むち打ちと同様に、その理由も聖書の中にある。教団がホームページで公開している新世界訳でその内容を見ていきたい。

「生きている動物はどれも食物にしてよい。緑の草木と同じように、それら全てをあなたたちに与える。ただし、血を含む肉を食べてはならない。血は命だからである」（創世記九章三、四節）

「あらゆる生き物の命はその血であり、命が血の内にあるのである。そのため私はイスラエル人にこう言った。「どんな生き物の血も食べてはならない。あらゆる生き物の命はその血だからである。血を食べる人は皆、除かれる」」（レビ記一七章一四節）

「血を食べないように固く決意していなさい。血は命だからです。肉と一緒に命を食べてはなりません」（申命記一二章二三節）

聖書には「血を食べるな」「血を避けるように」という記述が繰り返し出てくる。血は魂であり、魂は神のものである。だから、血を食べてはならないという論理だ。エホバの証人は、これを神が人間に指示したものと考え、血を体内に入れることも「食べる」ことと同義だとして輸血を拒否する。

バプテスマ（浸礼）を受けた信者の多くは「医療に関する永続的委任状」という輸血拒否の意思を示すカードを作成し、財布などに入れて肌身離さず持っている。意識不明などの緊急事態になった場合でも、自らの意思を伝えられるように準備しておくためだ。

ただ、輸血拒否の度合いにはグラデーションがある。全血や血液の主要成分である赤血球、白血球、血小板、血漿は拒否するが、非主要成分であるアルブミンや免疫グロブリンなどは受け入れる信者もいる。前もって採血しておいた自らの血液を輸血する「自己血輸血」を受け入れる信者もいる。どこまでは受け入れ、どこからは拒否するかを事前に書面で明確化しておく対応が一般的だ。

一方、医療機関が患者の輸血拒否を受け入れる場合は、患者に不測の事態が生じても医師や病院の責任を問わない「免責証明書」に署名してもらうことが多い。

輸血拒否と合わせて、エホバの証人が求めているのが「無輸血治療」である。輸血をせずに手術などを行うことを意味し、実際に無輸血治療を引き受ける病院は各地に存在する。

だが、一五歳で無輸血治療を経験し、恐怖を味わった大地を取材した森口は気になった。信者に輸血を拒否しない選択肢はないのか。子どもの意思は尊重されているのか。「エホバの証人」日本支部にメールで質問すると、こんな回答が返ってきた。

――輸血拒否はどのような考えに基づきますか。信者への強制はありますか。

エホバの証人が輸血を受け入れないのは医学的な理由ではなく、宗教上の理由です。「血を避けている」ように、という聖書の言葉に従いたいと願っているからです。個々の信者は聖書の原則に基づき、どんな治療を選ぶかを個人的に決定します。信者の中でも特定の治療や医薬品を受け入れる人もいれば、受け入れない人もいます。

多くの研究は、無輸血治療を選択した患者の臨床的・経済的な結果が、輸血を受けた患者と同等か、それ以上であることを示しています。患者の医療の選択や自己決定の原則を尊重しつつ、質の高い医療を提供するプロフェッショナルな医師および医療従事者の努力を高く評価しています。

――子どもが輸血拒否する際の年齢制限や意思確認のあり方について教えてください。

子どもの知的成長や発達の度合いは一人一人異なり、直面する医療上の問題もさまざまです。年齢のみで一定の線引きをするのではなく、成熟度に応じて個別に考慮するのが望ましいと考えています。

――二世信者は輸血拒否を選ぶべきだと考える親の意向に逆らえず、事実上強制されていると指摘しています。

エホバの証人も多くの親と同じように、子どもの幸せを願っています。モラルや宗教に基づく信条など、子どものためになると思う事柄を教えます。国際人権規約によって国際的にも認められているとおり、親には自分の信念に従って自分の子どもを教える権利があります。

しかし、子どもは成長したら、十分な情報を得た上で聖書が教えていることを理解してそれを受け入れ、教えに沿って生きるかどうかを決めなければなりません。医療の選択は個人や家族の決定であり、十分な話し合いに基づいて決めるべき事柄です。

——信者はバプテスマ（浸礼）を受けた後、輸血拒否の意思を示すカードを記入すると聞きました。

医療上の緊急事態に備えて、個々の信者は自分の医療上の決定について前もって考え、決めたことを書面にしておくよう勧められています。本人が希望するなら、バプテスマを受けた信者は「医療に関する永続的委任状」を作成し、その中に自分の個人的な決定について記載できます。

## 両親の反対で手術できず——遥の場合

教団の回答は理路整然としていたが、森口は釈然としなかった。「医療の選択は個人や家族の決定」というが、実態はどうなんだろう。親が願う「子どもの幸せ」が親の独りよがりにすぎないとしたら……。

西日本に住む遥（はるか）（仮名）が、森口に思いを語った。

遥（三〇代）は「エホバの証人」の宗教二世だ。一五歳の時、輸血拒否が原因で手術を受けられず、その影響が今も残っている。

幼い頃から少しずつためたお金と、数日分の着替えをバッグに詰め込んだ。「もう戻りません」と手紙に書き残し、家を出た。家にいることにも、教団にも耐えられなかった。消えない歯の痛みと心のうずき。あの時、手術を受けてさえいれば——。どれだけ悔やんでも、時間は元に戻らない。

遥は両親や親戚の多くがエホバの証人という家庭で育った。幼い時から集会に通い、小学一年の頃までは神の存在を信じていた。だが、親の言うことを聞かないとむちで打たれるのが嫌だった。「ハルマゲドンが来る」などと集会で毎週のように聞かされるのも好きにはなれなかった。

## 輸血より「永遠の命」

信仰に熱心な母の指示で、輸血拒否の意思を示したカードを首からかけて生活した。一九九五年に起きた阪神・淡路大震災以降、母は「地震で下敷きになった時に輸血拒否の意思が伝わらなかったら大変だ」と心配し、遥は寝ている時もカードを付けさせられた。

一五歳の時、虫歯でもないのに歯に激痛が走った。寝返りを打ち、枕がほおに当たると痛みで目が覚めた。口に入れたものをかみ切れず、食事もできない状態になった。

母に付き添われて大学病院を受診すると、原因は歯のかみ合わせだった。「あごの骨を切って位置を調整すれば治る」と医師は説明した。

「輸血が必要ですか」と聞く母に対し、医師は「難しい手術ではないけれど、もし大きな血管を傷つけたら輸血が必要になる。輸血の同意書は必要だ」と答えた。すると、母は「それならやらないです」と手術を断った。

その後も歯の痛みは消えなかった。遥は同意書なしでも手術ができないかを聞くため、今度は父と一緒に受診した。医師にエホバの証人であることを告げ、「無輸血で手術をしてほしい」と伝えた。

医師は「万が一の場合、命を助けるには輸血するしかない。手術をせずに放置すれば痛みがずっと続き、あごが外れたり、歯が割れたりするリスクがある」と説得したが、父は「輸血だけはどうしてもダメなんです」と譲らなかった。

二人は感情的になり、激しい口論になった。遥はいたたまれず「先生もういいです。輸血が必要なら手術は受けられません、受けたくないです」と告げた。医師は「そうですか」と悲しそうな様子だった。

病院からの帰り道。バス停で横にいた父は「(教義に背いて)永遠の命の約束を損なうのはバカらしい」とつぶやいた。遥はこれまで、この家に生まれたから輸血が受けられないのは仕方ないと思っていたが、それによって手術を受けられないような状況に追い込まれるとは思いもしなかった。いつか家を出て、お金をためて手術を受けるしかないと、諦めるしかなかった。

## 親身になる大人は

高校を卒業後、遥は小学四年からこづかいを節約してためた六万円ほどの現金と、着替えを持って家出した。もう戻るつもりはなかった。

その後も、歯の具合は悪化した。一時は、かみ合っている歯が左右で二本ずつしかなく、負担がかかり過ぎて割れた。輸血を拒否するつもりはなかったが、血が止まりにくい体質になり、手術が受けられない状態は今も続いている。「手術するなら一五歳の、あの時が最後のチャンスだった」。遥は悔やんでも悔やみきれない。

中学生の頃、遥はスクールカウンセラーに「布教活動をしないといけないのがつらい」と打ち明けたことがある。しかし、「それならやらなければいい」とすげなく言われただけだった。

親身に接してくれる大人もいた。高校時代の進路相談で、母は遥に進学や就職をさせず、布教活動に専念させると告げた。しかし、担任の教諭は「本当に本人が望んでいることなのでしょうか」と言い、遥にも「本当にそれでいいのか」と声をかけてくれた。

教諭は利用できそうな奨学金を調べ、進学や就職の道を探ってくれた。そんな教諭の姿を見て、遥は「進学も就職もできないのは当たり前だと思っていたけれど、それがひどいことだったと気づくことができた。大きな励みになった」と振り返る。

遥は現在、フリーランスのシナリオライターとして働いているが、自身の経験や二世信者らが置かれた状況を今も考え続けている。「信仰を強く持つ子どもが輸血された場合には、その後、一人で悩むことがないようにメンタルケアの体制が必要です。なにより願うのは、信者の親を持つ二世の子どもたちへの理解が深まること。私のように家を出たいと思う二世の子どもが頼れる相談機関やシェルターも整備してほしいです」

＊

## 子の意思か、親の意思か

輸血拒否に社会がどう対応してきたかを考える上で、川崎市で男児が失血死した事件のその後を整理しておきたい。

搬送先の医大病院で両親が輸血を拒み、男児が亡くなってから二年半あまりが経過した一九八八年一月末。輸血拒否と死亡の因果関係について調べていた監察医は「輸血されたとしても、必ずしも生命が助かったとはいえない」という内容の鑑定書を、神奈川県警に提出した。これを踏まえ、県警は両親の刑事責任を問わず、男児と接触したダンプカーの運転手だけを業務上過失致死容疑で書類送検。同年八月、川崎簡裁は運転手に罰金一五万円の略式命令を出した。

医療機関が「エホバの証人」の信者による輸血拒否への対応を迫られるケースは続いていた。八七年八月、福島県で起きた交通事故で重体となった四〇代の女性信者に病院側が輸血を強行し、家族から抗議を受けた。八九年八月には、オートバイの単独事故で後部座席に乗っていた一七歳の男子高校生が救急搬送されたが、信者の両親が「血は親子でもむやみにあげたりもらったりできない」と輸血を拒否。高校生は死亡した。

九〇年代に入ると、各地の大学医学部や公立病院などが倫理委員会を設置して議論を始めたが、対応は分かれた。「緊急時には拒否されても輸血する」という病院もあれば、「本人や家族が拒否する場合は輸血しない」という病院もあった。

## 輸血拒否は患者の「意思決定権」

訴訟に発展するケースも出てきた。九三年六月、東京都内に住む六〇代の女性信者が「宗教的理由から拒否したのに手術中に輸血された」として、東大医科学研究所付属病院の医師と国に、計一二〇〇万円の損害賠償を求めて東京地裁へ提訴した。輸血拒否を巡る患者本人の提訴は初めてだった。

この訴訟の行方が輸血拒否を巡る議論を大きく左右することになる。九七年三月の一審・東京地裁判決は「いかなる事態でも輸血をしないという約束は、医師の救命措置義務に違反し、公序良俗に反して無効」と判断し、女性の訴えを退けた。ところが、翌年二月、東京高裁は「救命手段がない場合、輸血するという治療方針を女性に説明すべきだった」と逆の判断を下し、医師と国に計五五万円の支払いを命じた。

二〇〇〇年二月、最高裁も高裁判決を支持し、医師と国の上告を棄却。裁判長は「医師は説明を怠ったことで患者の意思決定する権利を奪ったと言わざるを得ず、人格権を侵害した」と指摘し、病院側の敗訴が確定した。治療法に関する患者の意思決定権を認めた初の最高裁判決で、インフォームド・コンセント（十分な説明に基づく同意）が定着しつつあった医療現場の実態を踏まえた判断だった。

判決は「患者が輸血を受けることは宗教上の信念に反するとして拒否する明確な意思を持っている場合、このような意思決定権は人格権の一部として尊重されなければならない」と指摘し、信者の「輸血拒否権」を認める画期的判断となった。

## 学会の対応ガイドライン

だが、課題は残った。患者が子どもの場合にはどう判断すればよいかという点である。患者の意向を尊重し、輸血拒否を受け入れる医療機関が増えていたが、子どもについては明確な判断基準がなかった。親の信仰による子どもへの輸血拒否は児童虐待の一種である「医療ネグレクト」にあたるとの指摘も法曹界から寄せられ、医療界は対応を迫られていた。

そこで、日本輸血・細胞治療学会や日本小児科学会などでつくる「宗教的輸血拒否に関する合同委員会」が二〇〇八年二月にまとめたのが「宗教的輸血拒否に関するガイドライン」である。少し長くなるが、重要な内容なので紹介したい。

ガイドラインは、患者を三つの年齢区分に分けて対応指針を示している。一八歳以上の場合は本人の意思、一五〜一七歳の場合は本人と親権者の意思、一五歳未満の場合は親権者の意思が問題になる。医療に関する判断能力がないとみなされた場合も、一五歳未満と同じ扱いになる。このような年齢区分を採用したのは、児童福祉法で一八歳未満を「児童」と定義し、民法で「一五歳に達した者は遺言をすることができる」と定めていることなどを考慮したという。それぞれのケースを詳しく見ていきたい。

①一八歳以上の場合

医療側が無輸血治療を最後まで貫く場合、患者は不測の事態が起きた場合に病院側の責任を問わない「免責証明書」を提出する。医療側が無輸血治療は難しいと判断した場合は、患者に早めに転院を勧告する。

②一五～一七歳の場合

患者と親権者がいずれも輸血拒否した場合は一八歳以上と同じ。患者が輸血を希望し、親権者が輸血を拒否した場合は、患者に「輸血同意書」を提出してもらい輸血する。逆に親権者が輸血を希望し、患者が拒否した場合はなるべく無輸血治療を行い、最終的に必要な場合は輸血する。

③一五歳未満または医療に関する判断能力がない場合

親権者の双方（たとえば両親）が輸血拒否した場合、なるべく無輸血治療を行うが、最終的に必要な場合には輸血する。その際、親権者の同意が全く得られず、むしろ治療が阻害される状況では児童相談所に虐待通告し、児童相談所で一時保護の上、親権喪失などの手続きを経て輸血する。親権者の一方が輸血に同意し、他方が拒否した場合は、双方の同意を得るよう努力するが、緊急の場合は輸血を希望する親権者の同意に基づいて輸血する。

学会がこのようなガイドラインを定めた背景には、医療現場でインフォームド・コンセントの考え方が定着し、裁判でも治療法に関する患者の意思決定権が認められたことがある。特に、輸血にはウイルス感染などのリスクがあることから、厚生労働省は二〇〇五年、「輸血療法の実施に関する指針」および「血液製剤の使用指針」を通知し、患者や家族に十分な説明をして同意を得るように努めなければならないことを記した。

その上で、このガイドラインが医療現場にとって重要な意味を持つのは、患者が一五歳未満または医療に関する判断能力がない場合、親が輸血を拒否したとしても、必要な場合には「児童虐待」とみなして輸血すると明記したことであった。

## 医療機関アンケートを計画

輸血拒否を巡る司法判断や医療界の対応をおさらいする中で、取材班にはいくつもの疑問が浮かんだ。生命の危険がある緊急時に、子どもや親の意向を確認している余裕があるだろうか。医療に関する判断能力があるかどうかを誰がどうやって決めるのだろうか。輸血を強行した場合、医療機関が親から訴えられる可能性はないだろうか。一五歳や一八歳という年齢区分にどれだけ意味があるのだろうか——。

医療現場の実態や医師の本音が知りたい、というのが取材班の思いだった。

取材班の菅沼は医療機関を対象にしたアンケートをしたいと考えていたが、どこを対象に、どのような調査をすればよいか考えあぐねていた。

宗教が絡む医療拒否に関する調査研究は、一九九〇年代に行われたものが一件程度しか見当たらず、過去の資料が極めて少なかった。その調査に関わった研究者は、菅沼の取材に「宗教関係者が抗議のために押しかけてきて、身の危険を感じた」と語った。日本子ども虐待防止学会にも問い合わせたが、宗教と医療拒否という観点で調査した例はなかった。メディアも同様だった。

国内には大学病院や公立病院などの大規模な施設から小規模な診療所まで、数え切れないほどの医療機関がある。取材班で議論を重ねる中で、対象とする医療機関は救急医療に関わるような大規模な施設を含み、かつ地域的な偏りがない方がいいとの基本線が定まった。その上で、アンケートの送付と回収などの事務作業が現実的に可能な規模として、一〇〇前後の医療機関に絞りたいと考えた。

そこで、菅沼が見つけたのが「中核病院小児科」という枠組みだ。これは日本小児科学会が各都道府県から推薦を受けて登録する医療機関で、大学病院（本院）や総合小児医療施設（小児病院など）を念頭に置いている。二二年五月時点で全国の一一九病院が登録されており、重篤な患者に対応する三次救急や高度医療を提供する小児医療の中核的な病院だ。「宗教と子ども」をテーマにした取材班の調査対象としてはぴったりだった。

もう一つの論点は、調査内容を「輸血拒否」に絞るかどうかだった。エホバの証人による輸血拒否だけでなく、他の宗教や自然信仰に基づく医療拒否、投薬やワクチンなどを拒む例もあったからだ。

輸血拒否が核心的なテーマであることは論をまたないが、事例をできるだけ多く把握したいというのが取材班の総意だった。そこで、アンケートの大枠は「医療拒否」とし、質問項目の中で輸血拒否や手術拒否、投薬拒否などの内容を回答してもらうことにした。医療機関として児童相談所への通告や保護者の説得など、どのような対応をしたかも質問項目に含め、二三年二月から一一九病院へのアンケート送付を始めた。

## 「輸血拒否指導は虐待」弁護団が会見

取材班の動きと軌を一にして、「エホバの証人」の二世信者らを支援する弁護団も国やメディアへの働きかけを始めていた。二月二八日、弁護団は東京都内で記者会見し、教団が厚生労働省の児童虐待対応指針に反して、子どもへの輸血拒否を指導していると訴えた。その裏付けとなる教団の内部文書についても明らかにした。

森口の取材に応じた幹部信者の男性によると、文書は「親として子供を血の誤用から守る」と題し、教団のウェブサイトで幹部がアクセスできる場所に掲載されていた。「長老はこの用紙を自分用にコピーできますが、ほかの人のためにコピーしてはなりません」と記され、二二年三月に改訂されたことを意味する「3／22」という表記もあった。

文書では「子供のために輸血を拒否しなければなりません」という言葉に続き、「早い段階で全ての医療関係者に、決意は変わらないこと、無輸血の代替医療は喜んで受けたいということを伝えるべきです」と強調している。裁判に発展する可能性を視野に入れて病院や児童相談所に対応するよう親に促し、教団が必要な情報を提供することも書かれていた。

この男性によると、二三年に入ってから幹部信者が集まった会合でも、この文書が紹介され、文書通りに信者の指導をすることが確認されたという。

エホバの証人日本支部は取材に「医療の選択は個人や家族の決定」と説明しているが、男性は「信者が輸血を受け入れた場合、教団からの追放など重いペナルティーが科されることもある。信者であることをやめない以上、選択肢はない」と話した。

森口は男性の話に合点がいく思いがした。大地がそうだったように、信者の家庭に生きる子どもにとっては、教義にあらがうことは家族を失うことと同義である。「個人や家族の決定」という表向きの言葉とは裏腹に、子どもたちに選択肢はほとんどないのだ。

## 願った母の延命——関口誠人の場合

エホバの証人の二世が抱える苦悩は、子ども自身が患者になった場合だけではない。親が患者になった場合にも、親が輸血を拒否するか否かで心を痛めるのではないだろうか。そんなことを考えている時、ツイッターのある投稿が目に留まった。

〈ウチの母親も輸血を拒んで死んでいった。自分の命かけて信念通すっていうのはスゴイ事です。もちろん子供のオレは輸血でもなんでもして少しでも長生きして欲しかった〉

投稿したのは、一九八〇年代に人気を博したポップロックバンド「C－C－B」の元ギタリスト、関口誠人（まこと）。八五年にTBS系のテレビドラマ「毎度おさわがせします」の主題歌になった「Romantic が止まらない」が大ヒットし、同年の日本レコード大賞で金賞に輝いた。そんな時代を彩ったスターが肉親を亡くした背景に輸血拒否があったというのは意外だった。

取材班の高良が連絡を取ると、快く引き受けてくれた。平成生まれでバンドの全盛期を知らない高良でさえ、C－C－Bの名前やヒット曲は聞いたことがある。頭の中で流れる軽快なメロディーと宗教がうまく結びつかないまま、待ち合わせ場所の東京・新宿へ向かった。

---

ロックバンド「C－C－B」の元ギタリスト、関口誠人（六三）が母礼子（享年五四）を亡くしたのは二〇歳の時だ。子宮がんや卵巣がんを患い、約二年間の闘病生活だった。母は「エホバの証人」の信者だった。医師から何度も輸血を勧められたが、「血を避けるように」との教義を理由に拒み続けた。

---

雪の中を病院まで走った。ベッドに横たわる母は、けいれんしながら心臓マッサージを受けていた。間もなく臨終を告げられたと思うが、はっきりした記憶がない。ぼうぜんとしたまま病院を飛び出し、道路で車にひかれそうになった。信仰を貫き、最期まで輸血を拒んだ母。一日でも長く一緒にいたかった——。

母が入信したのは、関口が小学生の頃。入学式の当日、結核を患っていた歯科医師の父が四二歳で亡くなった。

母と子ども三人が残された。寂しさと子育ての重圧でやつれた母の元へ、教団の信者が布教に訪れた。しばらくすると母は毎週末、どこかに出かけるようになった。自宅に近所の信者を集め、聖書の研究を始めた。「楽園でお父さんとまた会えるから」。そう話す母は生き生きとして見えた。

## 「悪い交わり増える」高校進学も許されず

小学三年の頃から、関口も母に連れられて集会に参加した。争いを避ける教義からバスケットボールや野球はやらせてもらえず、「悪い交わりが増える」として高校への進学も許されなかった。

中学を卒業後、清掃のアルバイトをした。仲間から「高校どうしてるの?」と聞かれるたび、「バイトしながら高校に行っている」とうそをつくのが苦痛だった。「友人とも遊べず、嫌で嫌でたまらなかった」と関口は振り返る。一念発起して夜間学校へ入学し、昼間に喫茶店で働いて学費を工面した。

「エホバの証人」の二世で「C−C−B」の元ギタリスト、関口誠人＝東京都新宿区で2023年2月6日、幾島健太郎撮影

バイト代をためて買ったギターが、人生を変えた。弾き語りが自分に合っていると感じ、吉田拓郎や井上陽水の楽曲をコピーした。自作の曲をライブハウスで演奏し、褒めてもらうのは「束縛から解放されたような感覚」だった。

一方で、周囲の信者や信仰からは疎遠になった。一七歳の時、たばこを理由に教団からの追放を意味する「排斥」を言い渡された。

## 説得受け入れぬ母、出入りする信者

「疲れがひどい」。そう漏らしていた母にがんが見つかったのは約一年後のことだ。入院先の医師からは摘出手術が必要で、輸血も不可欠だと伝えられた。

母は「輸血されそうになったらちゃんと断ってよ」と家族に訴えた。病室には親族以外の信者も出入りし、医師に輸血拒否を主張した。関口は輸血を受け入れてほしかったが、排斥されていたから何も言えなかった。

最後は医師も「信仰は自由で強制できない」と折れた。無輸血での手術は成功したものの、がんは転移して手をつけられない状態になった。

家族がすぐに駆けつけられるよう自宅近くの病院に転院した母は、痩せ細っていった。激しい痛みを緩和するモルヒネの投与を何度も求めた。医師は「持って数カ月だ。出血が続いているので、延命のための輸血ができればもう少しやりようがある」と説得したが、母の意思は変わらなかった。転院から約半年が経過した一九八〇年、静かに息を引き取った。

「全部母が決めたことだから仕方がない。死の恐怖に打ち勝って信仰心を持ち続けた母は立派だと思う」と関口は言う。ただ、割り切れない思いも残った。「輸血を受け入れてもらい、一日でも二日でも一緒にいたかった。教団に母親を奪われたように感じた」

母は親族宛てに一冊のノートを残したが、関口は中身を見ていない。「多分、自分には悔い改めて帰ってこいと書いてある。怖くて開けなかった」

## 信仰か、洗脳か

母の死から二年が経過した八二年、関口は他のメンバーとバンドを結成。翌年にはメジャーデビューを果たした。斬新なビジュアルと親しみやすいメロディーで人気を博し、八五年の「Romanticが止まらない」は日本レコード大賞金賞を受賞。関口は八七年にバンドから脱退した後、シンガー・ソングライターやギタリストとして活動を続けている。

関口は還暦を過ぎる頃まで、母の死について「自分が熱心に信仰せず、排斥されたから母に悪いことが起きたのかもしれない」との思いを抱き続けた。

自分なりに心の整理がついたのは最近のことだ。バンドのメンバーだった二人が鬼籍に入り、関口も母が亡くなった年齢を超えた。生きることや信仰について考えることが増えた。「まじめに信仰しなかったことと、母の死を結びつけたのは洗脳の影響なんだと客観的に考えられるようになった」と関口は言う。ずっと開けなかった母のノートも、今なら読める気がする。

＊

信仰を強いられ、失われた青春時代の抑圧を解放してくれたという音楽の話を楽しそうに話す一方、教団や母親への思いを真剣な眼差しで語る関口の姿が、高良の印象に残った。宗教に基づく輸血拒否を貫くことが本人にとっては本望であっても、家族に何とも言えない割り切れなさを残す現実。「信仰や家族の幸せって一体何だろう……」と高良は思った。

## 医療現場のジレンマ

医療機関へのアンケートは菅沼を中心に記者四人で分担し、電話で催促するなどして回答を集める地道な作業を進めた。児童相談所のアンケートとは異なり、今回は民間が大部分を占める病院である。しかも、新型コロナウイルスの患者が増えている状況だっただけに、どの程度の病院が対応してくれるか、菅沼は気をもんだ。

多忙やプライバシーなどを理由に回答を断られたケースもあったが、多くの医療機関が取材趣旨に理解を示し、五五病院（回答率四六・二％）から回答を得られた。回答を分析して関係者への取材を加え、「こどもの日」に合わせて二三年五月五日付の毎日新聞朝刊で特集した。その内容を紹介したい。

## 子の医療拒否、中核病院の三割が「経験」

取材班がまずアンケートで尋ねたのは、二〇一三〜二三年に宗教を理由とする子どもへの医療拒否があったかどうかだ。五五病院のうち、三割の一八病院が「ある」と回答し、件数ベースでは少なくとも計四八件が確認された。

次に、拒否の内容を複数選択で尋ねると、「輸血拒否」が最も多く一三件。次いで「投薬拒否」が六件。「予防接種拒否」「受診・入院拒否」「手術拒否」がそれぞれ三件だった。内容を明らかにしない病院もあった。投薬拒否の中には、「豚を使用している製剤や牛を使用した人工乳の拒否」という回答もあり、病院側はその場合に代替薬や代替ミルクで対応していた。

医療拒否に対する病院の対応を複数選択で尋ねると、「保護者を説得した」が最多の八件に上った。「児童相談所や自治体に通告・相談した」が六件、「転院先や他の医療機関を紹介した」が五件だった。

現在も両親との協議が続いていると答えた病院もあった。

「信仰が関連することで対応に迷ったことはあるか」という設問には、八病院が「迷った」と回答した。患者である子どもの意思確認の難しさを挙げる意見が目立った。ある病院は「重篤な疾患だったので（患者は）逝去された。小児は基本的に親の影響が強く、本人の意思がわからず、小児科医はじくじたる思いだった」と記した。輸血を巡って両親の意見が割れたケースもあった。

「親の同意が得られなくても生命の危険がある場合は輸血や治療をするか」との問いには、三一病院が「する」と回答。「しない」はゼロで、「どちらともいえない」が一六病院。八病院は未回答だった。

エホバの証人を念頭に、輸血拒否への対応を定めた独自指針があるか否かを尋ねると、五五病院のうち五〇病院が「ある」と回答した。

## 「エホバです！」その時現場は

全国の中核的な小児医療機関を対象に毎日新聞が実施したアンケートで、宗教を理由とする子どもへの医療拒否を三割が経験していたという結果は、取材班にとっても驚きだった。信仰と救命の間で医師は何を感じているのか。過去に輸血拒否を経験した医師が菅沼の取材にその実態を証言した。

一九九七年九月、交通事故で大けがをした一八歳の男性が京都第一赤十字病院救命救急センター（京都市）に搬送されてくると、スタッフは「エホバです！」と叫んだ。

男性は輸血拒否を教義とする「エホバの証人」の信者。大量出血し、もうろうとする意識の中で「輸血しないでください」と懇願していた。

通常、体重が五〇キロの人は血液が四リットルほどある。出血が一リットルに達すれば血圧が下がって危険な状態になる。男性にはひどい外傷があったほか、CT（コンピューター断層撮影）やレントゲン検査で骨盤骨折も判明した。当時、副センター長だった浜島高志医師（六六）は「輸血しないと難しい」と頭を抱えた。

救急搬送から一時間ほどして、男性の母親が教団関係者とともに駆けつけた。母親も「輸血しないでください」と求めた。一方、後から来た父親は信者ではなく、「輸血してくれ」と意見が合わなかった。浜島医師は「五分ぐらいで結論を出してください」と言い残して離れたが、二人のいる部屋からは怒号が聞こえてきた。

さらに、男性はバイクを運転中、トラックに追突された被害者だと判明した。もし死んでしまうと加害者の罪状が過失傷害より重い過失致死になる可能性がある。輸血しなければ、病院も十分な治療をしなかったと訴えられる可能性が出てきた。教団関係者も交えた緊急会談で、病院側は「解決策がないなら輸血せざるを得ない」と伝えた。

いよいよ血圧維持が難しくなり、医師らは同意が得られないまま輸血を開始した。血圧は戻り、手術も成功した。「我々の判断で輸血しました」。浜島医師らが告げると、両親は崩れ落ちた。父親は「ありがとうございました」と喜んだが、母親は複雑な心境をうかがわせた。

男性は四カ月後に退院した。浜島医師は毎日のように病室に顔を出し、「ご飯食べているか」「リハビリせんとあかんで」などと声をかけたが、男性は最後まで打ち解けてくれなかった。病室では聖書を読み、物思いに沈んだ様子だったという。

浜島医師は「葛藤があったのでは。私は今でも助かってよかったと思うが、彼は今どうしているのか。元気でいてくれたらいいが」とおもんぱかった。

## 医療の正しさはどこに

毎日新聞のアンケートに回答した病院に改めて取材すると、現在進行形で続いている現場の苦悩が克明に伝わってきた。

関西のある病院では数年前から、就学前の子どもが免疫系の疾患で受診している。両親は「エホバの証人」の信者で「輸血してほしくない。血液成分を体の中に入れてほしくない」と求めている。疾患が再発すれば、輸血や造血細胞の移植が必要になる。担当医は「親の希望を無視してどこまで治療するか悩んでいる」と明かす。

日本輸血・細胞治療学会などが二〇〇八年に公表したガイドラインでは、子どもが一五歳未満の場合、両親が輸血を拒否しても最終的に必要な状況になれば児童相談所への通告などを経て輸血すると定めている。しかし、この担当医は「ガイドラインは法律ではない。法律が医療者に何をどこまで要求しているのか不明確だ。もし医療拒否は虐待だと法律で規定した場合、児童相談所に通告しなかったら私たちは罰せられるのだろうか。教団から告発されることはないのかなど不明点が多い」と複雑な心境を吐露した。

中部地方のある病院では、一〇代の子どもが生まれながらの病気で受診していて、これまでに四回ほど手術した。母親から「輸血拒否の信仰だから」という手紙を受け取っていたため、手術にあたるチームは毎回のように「こういうやり方だったら輸血しなくて済みますよね」などと悩みながら話し合っているという。手術をしないと子どもの成長に支障があるため、その度に親の同意を取って手術をしてきた。今までのところ、輸血が必要な状況にはなっていない。

その母親は「私がエホバだから」と言うが、医師としては「だから何？ 子どもは別人格ではないか」というのが本音だ。子どもへの治療は親権者の同意がないとできないため、毎回、書面に署名してもらっているが、本心では疑問を感じている。医師は「子どもは社会の共有財産であり、通常するべき医療を受けられることが必要だ。医療者がこれが正しいと思った時に、それができるようなルールづくりが必要ではないか」と問題提起する。

## 親権停止という選択肢

子どもの命に危険があるような切迫した状況で親が医療を拒んだ場合、医療機関はどのように対応しているのだろうか。活用が進んでいるのが「親権停止」の制度だ。

まず、親権とは何かを押さえておきたい。民法八二〇条は「親権を行う者は、子の利益のために子の監護および教育をする権利を有し、義務を負う」と定める。分かりやすく言えば、未成年の子どもに対して、親が持つ権利と義務のことだ。子どもの身の回りの世話をする「身上監護権」と、子どもの財産を管理し、子どもに代わってさまざまな法律上の行為をする「財産管理・法定代理権」がある。

父母の婚姻中は父母の双方が親権者となり、父母が共同して親権を行使することができる。父母が離婚をする場合は、父母のうち一方を親権者と定める。ただし、国は現在、離婚後も父母の双方が親権を持つ「共同親権」の導入を検討している。

親権停止は子どもを虐待から守るために親と一時的に引き離す制度として、二〇一二年施行の改正民法で創設された。家庭裁判所が審判で「親権の行使が困難または不適当であることにより子の利益を害する」と判断した場合、最長二年間、親権を停止する。

医療拒否の場合、医療機関から虐待通告を受け、児童相談所長が家庭裁判所に親権停止の審判を請求するケースが多い。家裁が親権停止を認めれば、未成年後見人または親権を代行する児童相談所長などの同意に基づき医療が行われ、その後、問題がなければ親権を元に戻す。

民法改正前は親権喪失の制度しかなく、その影響の大きさゆえに活用されるケースは少なかった。最高裁によると、二一年に親権停止が認められたのは一〇七件。医療ネグレクトを原因とするものは二一件だった。

## ガイドラインだけでは判断困難

毎日新聞のアンケートに回答した医療機関の中にも、親権停止を活用した病院があった。関西地方のある病院は、生まれて数日の新生児が先天性の病気のため、血漿交換という血液を入れ替える治療が必要になった。新生児なので、治療しないと後遺症が残る状況だったが、両親が「エホバの証人」の信者で同意を得られなかった。このため、病院は児童相談所に虐待通告し、親権停止の手続きを経て治療した。治療が終わった段階で、親権は両親に戻った。

ただし、このような対応に慣れていない医療現場も多い。関東地方のある病院では、患者が一五～一七歳に該当し、両親が信仰を理由に輸血を拒否した。ガイドラインでは、一五～一七歳の場合に本人と両親が輸血を拒否すれば、一八歳以上と同様に患者の意思を尊重して無輸血治療を優先する。知的障害や意識障害などで本人に医療に関する判断能力がないと見なされた場合、一五歳未満と同様に、必要な場合には児童相談所への虐待通告などを経て輸血を実行する。

この病院は命の危険が迫る中、患者に判断能力がないと見なし、親権停止の手続きを経て、輸血を含む治療を実施した。しかし、担当者は「判断能力の有無は一概に決められず、対応に迷った。輸血が必要な命の危険が迫っている場合は迅速な対応が必要だが、ガイドライン通りにシステマチックには対応できない」と実情を明かした。

## 保全処分を申し立てるケースも

緊急の治療が必要で、家庭裁判所による親権停止の審判確定を待つ余裕がない場合もある。そのような時に活用されるのが、審判前の「保全処分」だ。保全処分は審判確定までの間、権利を保全する暫定的処分だが、すぐに効力が発生する。このため、審判申し立てと同時に保全処分を申し立てるケースが多い。

例えばこのようなケースがある。二〇一五年に出生した男児は頻繁に嘔吐を繰り返すようになり、手術以外に根治方法はないと診断された。できるだけ早く手術する必要性があり、手術しなければ衰弱により死亡する可能性があった。

両親は手術の必要性は理解していたが、宗教上の理由から輸血には同意できなかった。病院側は無輸血での手術を予定していたが、凝固障害（血が止まりにくくなること）や手術中の多量出血が起きる可能性があり、その場合には輸血が必要だった。

このため、児童相談所長は親権停止とともに、審判前の保全処分も申し立て、東京家裁が同年四月、両親の親権を停止する保全処分を言い渡した。「宗教的信念に基づくものであっても、未成年者の生命に危険を生じさせる可能性が極めて高い」と判断した。

このような司法関与について、識者はどのように見ているのだろうか。丸山英二・神戸大名誉教授（医事法）は「子どもへの輸血・医療拒否は、児童相談所や家裁が関与することで輸血や治療の実施につながっている場合が多い。〇八年のガイドラインが医療現場や児童相談所、司法に影響を及ぼしているのでは」と分析する。一方、児童虐待に詳しい奥山眞紀子・小児精神科医は「『治療をしなければ死んでしまう』という場合は司法も親権停止の判断を出しやすいが、命に関わらない手術や治療しても治る確率が五割程度といった手術の場合には判断が難しくなる。子どもの権利を民法に組み込むなどし、司法が医療に関わりやすい制度が必要だ」と課題を指摘した。

## 「無輸血」の教義と命のやりとり

### たらい回しの不安や診療拒否も

教団は輸血拒否を正当化する論理として、無輸血治療の有効性を主張するが、実際はどうなのだろうか。

広報担当者によると、教団は国内に五四カ所の「医療機関連絡委員会」を設け、約六〇〇人のスタッフが患者の求めに応じて無輸血治療に協力的な医師や病院職員らと連絡を取っているという。ただ、協力的な医療機関がすぐに見つかるとは限らない。病院をたらい回しにされ、不安にさいなまれた経験がある女性が森口の取材に証言した。

関西に住む二〇代の女性は一四歳の時、卵巣に腫瘍が見つかり、大学病院で「エホバの証人なので無輸血で手術してほしい」と伝えた。しかし、緊急時に輸血することを条件とされ断念した。両親が医療機関連絡委員に相談し、別の病院を紹介してもらった。車で一時間かけて向かったが、その病院では「うちはエホバは受け入れていない」と言われた。

三カ所目でようやく手術を受けられたが、診断から数カ月が経過していた。摘出した腫瘍は良性だったものの、急速に成長して破裂の危険もあった。女性は「このまま手術してくれる病院が見つからなかったらどうしようと不安だった」と振り返る。

教団は、輸血拒否について統計的なデータを取っている。広報担当者によると、二〇一七～二二年に信者の子どもが輸血拒否に関係したケースは二三件あった。このうち一四件（六一％）は無輸血治療が行われたが、九件（三九％）は親権者の意に反して輸血された。二三件のうち、親権停止などの法的措置が取られたのは一三件（五七％）。このうち四件は無輸血で治療が行われた。

教団が強調するのは、輸血拒否によるリスクを過度に意識することによる「診療拒否」だ。広報担当者は「患者が宗教信条に基づいて同種血輸血（献血に基づく他人由来の輸血）を拒否すると、過去に同じような症例で輸血が必要になったケースがなく、医師が輸血を必要と判断する可能性が〇・一％以下であっても治療してもらえません。エホバの証人の成人の患者に関して、こうした診療拒否事例が毎年約一〇〇〇件生じています。この件数に医学的に複雑な症例は含まれておらず、軽微な治療である巻き爪や歯科治療のようなケースでも診療拒否が生じています」と述べる。

## すれ違う国と教団の見解

一方、国は子どもへの輸血拒否を「児童虐待」とする考え方を明確に打ち出している。厚労省は二〇一二年一二月に出した宗教的虐待に関する指針で、医師が必要だと判断した医療行為（手術、投薬、輸血等）を子どもに受けさせないことはネグレクトに該当すると明記。二三年三月末にも、信仰を背景に親が医療行為に同意しないことはネグレクトや心理的虐待に当たるとの通知を出した。特に、命に直結する輸血を拒否することは重大な児童虐待だとし、児童相談所長が速やかに一時保護し、医療行為への同意をするよう求めた。

さらに、厚労省は「エホバの証人」の広報担当者と面会し、輸血拒否やむち打ちといった行為を教団として容認していないことを信者に周知するよう要請している。教団は表向き、国の方針に従う意向を示したものの、教団内部でどのような指導が行われていたか疑義があったからだ。

教団側は国の要請について「検討する」と回答したものの、見解の対立は今も解消されていないように思える。教団は毎日新聞の取材に対し、「医師から勧められた一種類の治療に同意しないだけで、その親が育児放棄していると見なすべきでしょうか」との見解を示している。

この問題をどう考えればよいのか。輸血拒否に現場で向き合ってきた二人の医師に話を聞いた。

## 傷ついた患者に寄り添う

遠藤清［生駒市立病院長］

エホバの証人の無輸血手術に初めて関わったのは三〇年ぐらい前です。五〇代の乳がんの女性でした。輸血拒否を主張したため、複数の病院で手術を断られたそうです。私が「いいですよ」と引き受けると、ほっとして帰って行きました。しかし、その患者は貧血が重く、血液検査で血中ヘモグロビンの値が通常の半分以下しかないことが分かりました。

当時、乳がんの手術はかなりの出血を伴いました。今は手術前にヘモグロビン量を上げる処置などがありますが、当時は一般的ではありませんでした。輸血できないのは危険です。しかし、「やる」と言ってしまった以上、仕方がありません。手術は無事終わり、輸血もしませんでした。

## 求められる出血コントロール

膵頭（すいとう）十二指腸切除という腹部外科の中でも難易度が高い手術の時は緊張しました。無輸血を希望する患者とは一つだけ約束します。出血がひどくなり、「これ以上出たら危ない」という状態になったら（手術を）やめますよ、と言います。

無輸血手術で重要なのは、余計な出血をさせないことです。血管さえ切らなければ血は出ない。そのために、血管を一本一本テーピングします。出血をコントロールして、「これで大丈夫」となったらいっぺんに（患部を）切っていきます。細かい処置ですが、確実に出血量は減ります。

普通の手術でも、私にとってはこれがスタンダードなので、無輸血手術をストレスに感じることはありません。ピーナツアレルギーの人にピーナツは出さない。そのぐらいに考えています。

最盛期には年間四〇〇件ぐらい手術をして、その半分ほどがエホバの証人の人たちだった時期もあります。私は無輸血手術をしてきたことで、技術が鍛えられました。私にとっては、外科人生の「先生たち」だと思っています。

手術をしても効果が見込めない場合は「できない」と伝えた上で他の治療を提案することもあります。ただ、手術ができるかもしれないのに、エホバの証人だから、輸血を拒否しているから、という理由で手術を断ることはありません。

信頼している先生に手術を頼んで断られたらつらいですよね。たとえ手術しなくても、いったん話を聞いて「手術はできない」と告げる役を引き受けようと思っています。

エホバの証人の患者は緊張して診察室に入ってきます。（不測の事態が起きても医師らの責任を問わない）免責証明書などを準備し、症状や信仰について一生懸命説明します。そんな時、私は「（輸血）しないので、書類はいりませんよ」「気を使わないでいいですよ」と声をかけます。

私のところへ来るまで、患者はさんざん痛めつけられているからです。「輸血をしないなら手術しない」「必要になったら輸血する」などと説明されてきたわけです。命がむしばまれる病気を抱えながら、信仰か生かの選択を迫られる。トラウマになっている人は多いと思います。

信仰や宗教、エホバの証人の教義は分かりません。私は医師として知っている、小さい世界の話を説明します。教義がその人にとって一番大事ならやむを得ません。

## 子どもの意思も尊重を

子どもの患者の場合は、ご家族に「本人の意思が大事」と告げて、子どもと二人だけで話し、気持ちを探ります。宗教や信仰にかかわらず、子どもも、大人も、どの患者の意思も尊重されるべきだと思います。

整形外科や脳外科など、手が届かない分野もあります。各方面に無輸血で手術してくれる医師のネットワークが作れたらいいな、と思います。エホバの証人の患者のためだけではないです。さまざまな事情で手術ができない場合、融通の利く先生方で手をつなぐ、という形がいいですね。目の前の患者をどうにかしてあげようという思いよりも、医療者側のリスクを考えて「うちではみない」「あなたは手術しない」という医師がいるのではないでしょうか。求める医療を受けられず、さまよう人が少しでも減るようにしたいです。「先生がいなかったら（どうなっていたことか）」とよく言われます。それだけ苦労してたどり着いているのだと思います。僕は「大丈夫だよ」と言ってあげるしかありません。医療は技術だけでなく、患者の心に寄り添うものだと思っています。

えんどう・きよし◉一九六一年生まれ。福島県会津若松市出身。八七年滋賀医科大卒。同大医学部付属病院第一外科入局。宇治徳洲会病院、大垣徳洲会病院長、阪奈中央病院長などを経て、二〇一七年から生駒市立病院長。

## ガイドラインは万能ではない

松永正訓［小児外科医］

千葉大学医学部付属病院で勤務した一九年の間に二件、輸血拒否を経験しました。一九八〇年代後半と九〇年代半ばのことです。胸の中に異物が突き刺さっているような、忘れられない出来事です。

一件目は生後三日の新生児で、胃に突然穴が開く「胃破裂」でした。ミルクが胃からあふれ、腹膜炎を起こしてショック状態になっていました。胃から出血していたのか、極度の貧血状態でした。手術前に大量の点滴と輸血をする必要があり、処置をしていたところ、新生児の父親が駆けつけて「輸血をやめてくれ」と言うのです。

「宗教的な理由ですか？」と聞いたら、「その通りだ」と。八五年に神奈川県でエホバの証人の両親が子どもへの輸血を拒否し、子どもが死亡した事件がありました。「ああ、エホバの証人の輸血拒否が、自分の身にも降りかかってきたのか」と思いました。

大学病院の内科に父親の親戚という医師がいたので、説得してもらおうと呼びましたが、父親もその医師も輸血に反対しました。これ以上話し合いにならないと思い、二人を処置室から出して輸血を続行、手術をして新生児は助かりました。

小児外科という仕事は手術をして終わりではありません。外来で診て、その子の成長を支えていくのも仕事です。でも、そのご家族はもう病院には来ませんでした。医者として仕事が全うできなかったことをとても苦しく思いました。

## 「永遠の命を失う」と言われ

二件目は、二歳の女の子でした。胸とおなかの境目あたりにしこりがあり、手術で取って検査したところ、悪性の小児がんでした。目に見えるしこりは取り除きましたが、小さながん細胞は体内に残っており、抗がん剤治療をしないと必ず再発します。治療しても一〇〇％助かるわけではありませんが、治療しなければ命はありません。

抗がん剤治療には、血液細胞を作る機能が低下する副作用があります。その治療として、輸血が必要だと女の子の母親に説明したところ、「責任者と話がしたい」と言われました。

助教授（当時）が別の部屋で対応したところ、話し合いは五分ほどで終わり、すぐに部屋から出てきました。助教授は我々に「この家庭はエホバの証人だから抗がん剤治療はやらない」と告げました。

私は「事の重要性がわかっているのか」と納得がいかず、母親と話しました。母親は宗教上の教えがあり、輸血はどうしても受け入れられないと主張しました。「血を伴う肉を、体の中に入れてはいけない。それは、神様が喜ばない行為だ。体の中に血を入れたら、この子は永遠の命を失う」という説明だったと思います。私は「二歳の子に宗教ってあるのですか」と母親に問いましたが、説得のしようがないと思いました。

母子はその日のうちに荷物をまとめて退院しました。女の子の消息は不明でしたが、一年後、全身にがん細胞が転移して再入院してきました。ただみとるためだけの入院です。私はつらくて様子を見に行けませんでした。「ああ、帰ってきちゃったのか。奇跡は起こらなかったか」と、むなしさでいっぱいでした。抗がん剤治療をすれば女の子は助かったと思うと苦しい。いまだに忘れられません。

## 「ネグレクト」と言い切れるか

宗教は難しい。医療者としては親に考えを変えてほしいと思いますが、一方で、信仰心は他人がどうこうできるものではありません。母親の胸の中に手を突っ込んで「あなたの信じているものは間違っている」と、無理やり変えることはできません。

母親の表情からは、子どもを愛していることが伝わってきました。輸血をしないでいることの方が神様が喜び、自分の子どもは永遠の命を手に入れることができると信じ込んでいました。形の上ではネグレクト（育児放棄）ですが、母親の心の中には「ネグレクト」という思いは全くなかったのではないでしょうか。

二〇〇八年に（日本輸血・細胞治療学会などが公表した）輸血拒否対応のガイドラインができ、二二年末には輸血拒否を虐待の一種である「医療ネグレクト」とする厚生労働省の指針が出されました。しかし、私が経験した二件はガイドラインでは解決できないと思います。医療ネグレクトと言われてもどうすればよいのか。

個人的には、人の命に関わる医療はガイドラインでやるものではなく、現場の医者が悩みながらやるものだと思います。

葛藤は続きますが、せめて子どもが自分の意思を表明できるようにして、子ども本人を尊重するようにしたいです。我々が親の胸の中に手を突っ込んで考え方を変えることができないように、親もまた、自分の子どもに対して宗教を強制することはできないと思います。

まつなが・ただし◉一九六一年、東京生まれ。八七年千葉大卒。同大付属病院に一九年間勤務後、千葉市若葉区に「松永クリニック小児科・小児外科」を開業。小児がんが専門で日本小児外科学会会長特別表彰などを受賞。二〇一三年『運命の子　トリソミー』で小学館ノンフィクション大賞。

## 取材班でも分かれた意見

取材班の中でも、この問題をどう考えればよいか意見は分かれた。「そもそも命に関わる輸血拒否を教義にすること自体がおかしい」「親の信仰に関係なく、一八歳未満の子どもには必要があれば輸血すべきだ」という記者もいれば、「信者が輸血拒否の教義を守るしかないとすれば、信者が生きられる医療環境を整えることも必要だ」という記者もいた。ただ、共通していたのは「子どもの命が脅かされることがあってはならない」という問題意識だ。一方的な宗教バッシングではなく、さまざまな信仰を持つ人たちが共生していくにはどうすればよいのか。私たちは宗教をタブーとせずに対話と議論を積み重ねるしかないのだ。

第四章

# オウムの教訓はどこへ

社会から隔絶された宗教団体の施設で過ごした子どもは、心身にどのような影響を受けるのだろうか。国内で社会問題に発展した最も有名なケースはオウム真理教だろう。

オウム真理教は凶悪なテロや殺人事件を引き起こした点で、旧統一教会やエホバの証人と同列には語れない。ただ、「宗教と子ども」の問題を考える上で避けることのできないテーマだと取材班は考えていた。

松本智津夫元死刑囚（教祖名・麻原彰晃）を創始者とするオウム真理教は、一九八九年に坂本堤弁護士一家殺人事件、九五年に地下鉄サリン事件を引き起こすなど、数々の凶悪事件で平成の日本社会を震撼(しんかん)させた。

取材班には一連の事件が起きた当時を覚えている記者もいれば、まだ生まれていなかった記者もいる。地下鉄サリン事件当時、中学生だった野口は当時の世の中の空気をはっきりと覚えていた。

東京・霞ケ関駅へ向かう地下鉄三路線の電車内で、オウム真理教の信者が猛毒の神経ガス「サリン」をまき散らし、乗客や駅員ら一四人が死亡、六〇〇〇人以上が負傷した。遠く離れた関西に住んでいた野口も、あの頃は電車に乗ることに恐怖を覚えた。近所の人たちが「あそこには信者が住んでいるかも」などとうわさすることもあった。

科学技術省や建設省などの組織を作って国家を模し、サリンやVXガスなどの化学兵器で武装化した教団の特異な姿は、連日のようにワイドショーをにぎわせた。事件後、山梨県の旧上九一色村（現・富士河口湖町）を中心に点在していた教団施設「サティアン」に警察の大規模な家宅捜索が入った。その様子を中継するテレビ画面に、人々の目はくぎ付けになった。

野口が特に印象に残っていたのが、ヘッドギアと呼ばれる装置を頭に付けた信者の子どもたちの姿だ。捜索に伴い、多くの子どもが大人に抱きかかえられるようにして保護された。

あの子たちは教団施設でどのように過ごし、その後どうなったのだろう。オウムの子どもたちに、社会はどう関わったのか。取材班は当事者を探すことから始めた。

## 透明な存在だった——咲の場合

〈事件を機に声をあげなければと決意しました〉。咲（仮名）は安倍元首相の銃撃事件から約一カ月後、宗教二世としてツイッターにアカウントを開設し、自らの体験をつづっていた。

オウム真理教の施設で修行に明け暮れた日々。脱会後も、周囲から冷たい視線を浴びて社会における居場所を失うつらさ。野口は生々しい記述に強く引き込まれた。

咲はツイッターのDMを開放していなかったが、関係者を通じてメールで連絡を取ると、「取材を前向きに考えています」と返信してくれた。咲が最も警戒していたのは、職場など自身の周囲にオウム真理教にいたことが分かってしまうことだった。同居する家族が心配するため、自宅では電話取材にも応じられない。テキストメッセージで慎重に連絡を取りながら取材日時を決めた。周囲に話が漏れることがないように、毎日新聞社内で話を聞くことにした。

待ち合わせ場所に現れた咲は、化粧やアクセサリーにこだわっている様子が一目で分かるおしゃれな女性だ。よくしゃべり、笑い、影を感じさせない。同世代の野口は「友達にいそうなタイプだ」と思った。ところが、取材に入ると「緊張する……」と口にし、表情は一転して硬くなった。咲は「伝えたいことや出来事をまとめてきました」とバッグからメモを取り出し、遠い日の記憶をたどり始めた。

---

咲（四〇代）はオウム真理教の元二世信者だ。小学生の頃、母に連れられて関東の道場に通った。「ほら、私もできるよ」。ヨガをほめてもらうのがうれしかった。習い事感覚で始めたが、その先に悲劇が待ち受けているとは思いもしなかった。

---

富士山のふもとは、極限まで冷え込んでいた。大人の信者に交じり、冬の夜道をひたすら歩く。心は悲鳴を上げていた。「帰りたい、帰りたい……」。水ぼうそうを患った体は熱を帯び、足元がふらつく。遠くに見える民家の明かりがうらめしい。「なんで私はこんなことをしているんだろう」。気に留めてくれる人は誰もいなかった。

## れんげ座でマントラ、夜通し読経

母が帰依したのは、夫婦関係の不和が原因だ。父の浮気で心のバランスを崩した。「前世のカルマ（業）のせい。あなたが悪いわけではない」。他の信者から説かれて心が楽になった。持病のアレルギーも呼吸法で改善したように感じ、信仰にのめり込んだ。

咲も平日は夜、週末はほぼ一日中、修行に励んだ。足をれんげ座に組み、教祖のマントラ（呪文）が録音されたカセットテープを繰り返し聞いて復唱した。中学に入ると、修行は激しさを増した。静岡県富士宮市の教団施設。一〇日間の集中修行では暗く寒い夜道を歩かされ、側溝に落ちそうになった。

同じ姿勢で夜通しの読経。居眠りすると指導役が床をたたいて起こした。水ぼうそうの発疹が赤くつぶれても、大人たちは「浄化が起きているね」と言うだけだった。「死の世界」を体験するという修行もあった。今では薬物が使われたとわかるが、教祖から渡された紙コップ入りの液体を飲み、強烈な幻覚にさいなまれた。

宿題をする余裕もなく、成績はみるみる落ちた。授業中は先生に当てられないか不安で、学校に行くだけでじんましんが出た。家と学校とオウム。その日常の中で、咲はハルマゲドン（人類最終戦争）が来て世界は滅ぼされるという終末思想に染まった。高校に上がると、身一つで母と出家した。

一九九五年三月二〇日、地下鉄サリン事件が起きた。咲は情報を遮断された教団施設内で生活していたから、そのことを知らなかった。施設が強制捜査を受けた際、咲の所持品も調べられた。「正しいことをしているからたたかれる」。大人たちの主張を信じ、警察に聞かれても偽名を名乗った。高校生だったが「二〇歳です」と言い張った。

同年五月、松本元死刑囚が首謀者として逮捕され、教団は壊滅状態になった。咲は親戚の家に身を寄せ、オウムから脱会した。しかし、その後が「地獄」だった。

## 脱会しても「地獄」

「命がけで、人生を全部かけて取り組んでいたものが悪だと言われた」。言いようのない喪失感と絶望にさいなまれた。親族にも「一族の恥。オウムに所属していただけで加害者だ」と邪険にされた。

別の高校に転入したが、勉強についていけない。教団をバカにする同級生の軽口には耳を塞いで耐えた。そんな中、おそろいのコートを着るほどの親友ができた。この人ならわかってくれるはずだと打ち明けた。「実は私、オウムにいたことがあって……」。すると、友達の母親が乗り出してきた。「もう付き合わないで」。何度も手紙を送ったが、返事は来なかった。

咲は声が出なくなった。声を出そうとすると涙が止まらなくなった。

高校を退学し、家に引きこもった。テレビでは事件が繰り返し取り上げられ、咲はそれを正視できなかった。母は仕事のため不在がちで、話す相手もいなかった。帰宅した母にしがみつき、怒鳴りちらした。「なんでこんなことになったんだ！」

自分の居場所がないことに耐えられなかった。「オウムに連れていって」と信者に頼み、再び教団に戻った。そこには必ず誰かがいて、声をかけてくれた。「話をしてくれる。ただ、それだけで良かった」と咲は振り返る。二年ほど通ったが、過去と決別しようと覚悟を決め、再び脱会した。それ以来、教団とは関係を断ち切っている。

## 気付いてあげられず

後悔し続けていることがある。仲良しだった同年代の二世信者の男性。咲は「人生を取り戻そう」とアルバイトをしながら通信制の短大で学んでいたが、男性は社会復帰できずに弱音を吐いていた。「何言っているの。頑張りなさいよ」。咲がそう言った数日後、男性は自ら命を絶った。「教団に連れ去られる夢を見たんだ」。男性は追い詰められながら、最後まで咲に電話で話をしてくれた。「苦しみの深さに気付いてあげられなかった」。自分を責めても、彼の声はもう聞けない。

咲が一時期教団に戻ったことや、男性の死を思い起こす時、旧統一教会の信者を思わずにはいられない。「いろんな悩みや、親の影響で教団に入り、出るに出られない人もいる。生身の人間であることをわかってほしい」と思いをはせる。

咲はオウムにいたことをひた隠しにしてきた。人付き合いを減らし、職場でも表面的な会話しかしない。そうすれば生き抜けると思っていた。しかし、安倍元首相の銃撃事件で山上被告が逮捕され、その背景に教団への恨みがあったことが報じられるようになると、感情にふたができなくなった。「彼は私だったんじゃないか」。ＳＮＳに宗教二世としての思いをつづるようになった。

「私たちは透明な子どもだった」と咲は言う。脱会後、大人の元信者に苦しい境遇を訴えても「だから？」と相手にされなかった。自分で信仰を選んだ大人と、判断がつかぬまま教義を植え付けられた子ども。失った時間の重さは同じではない。「助けを求めても、大人は見てくれなかった。生きながらにして透明な存在にされていた」

かつての咲がそうだったように、今も多くの宗教二世が声を上げられないままだと思う。「亡くなった人、心を病み社会に出られなくなった人、まだ社会を知らない子どもたち。大人が異変に気付き、何度も声をかけてほしい」

＊

咲は「話し忘れたことはないかな」と手持ちのメモを確認していた。そして、取材が終わると「あぁ」と大きく息を吐き、「がちがちに固まっています」と自分の手を見つめた。相当緊張していたのだろう。自分では選びようがなかった環境によって、信者だった時も、脱会後も、周囲にＳＯＳを気付いてもらえなかった咲。その声を社会に届けることへの使命感や、親の信仰で苦しむ子どもたちを何とかしたいという気迫が、野口にひしひしと伝わってきた。

咲はオウムにいた頃の経験が、今でも時折フラッシュバックすることがある。富士山のふもとで修行していたのが年末年始だったため、今でもその時期に夜道を歩くと「帰りたい、帰りたい」という子どもの頃の叫びがよみがえり、涙があふれてくる。そんな時はコンビニエンスストアに駆け込み、飲み物や雑誌を買って心を落ち着けるという。

咲と別れた後も、野口は「私たちは透明な子どもだった」という言葉が脳裏から離れなかった。それは、子ども自身が声を上げようとしても、周りに透明な膜のようなものがあって誰にも届かない、誰にも気付かれない無力感ではなかっただろうか。そして、それは多くの宗教二世に共通する苦しみではないだろうか。

## 息子を引きずり込んで――恵美子の場合

地下鉄サリン事件が起きた当時、洪水のように多くの報道がされたのに、信者の子どもたちがどのような状況に置かれ、教団が解散した後にどうなったのかを系統立ててまとめた記事はほとんど残っていなかった。

引き続き当事者を探していた野口は、子どもを連れて出家した経験がある元信者がいると、関係者から聞いた。それが恵美子（仮名）だ。

当時、オウム真理教で子どもたちが置かれていた状況や、その後の社会的な支援のあり方について話を聞かせてほしいと、関係者を通じて取材を依頼した。最初は「宗教二世問題はひとごとではないが、軽々に取材は受けられない」という回答が来た。教団が数々の殺傷事件を起こし、多くの被害者がいることへの配慮があったのだろう。

やはり取材は難しいのかも知れないと思いつつ、野口はもう一押ししてみることにした。オウム真理教にいたことを物珍しい体験として取り上げるつもりはなく、カルトが子どもに及ぼす影響について考える取材にしたいと丁寧に趣旨を伝えたところ、「対面の取材であれば可能だ」と応じてくれた。

脱会後三〇年近くがたち、今は仕事に打ち込んでいる恵美子は、多忙なスケジュールを調整して時間を取ってくれた。脱会を支援した滝本太郎弁護士も同席し、神奈川県内で会うことになった。

野口が名刺を渡し、新幹線に乗ってきたことを伝えると、「そんな遠いところからわざわざ」と笑顔でねぎらってくれた。仕事や住んでいる地域などを尋ねると、ここまでは話せる、ここからは話せないとはっきりと意思表示し、芯がしっかりしている印象を受けた。この人が教祖を絶対視するオウム真理教にいたことがあるのかと意外な思いがしたが、当時の話を聞くと、息子を引き入れてしまったことへの後悔が口をついて出てきた。

---

恵美子（五〇代）はオウム真理教の元信者だ。入信したのは約三〇年前。妊娠中だった。当時の夫が自宅に招いた教団関係者から「おなかの子が望んでいる」と勧誘された。

---

長男の翔（仮名）が生まれて間もない一九九三年一月。恵美子は山梨県の旧上九一色村（現・富士河口湖町）で建設中の教団施設「サティアン」を訪れ、修行に参加した。富士山のふもとにあり、まだ壁すらも完成していなかった。夫の信仰に私も近づかなくては――寒風が吹きすさぶ中、そんな一心で瞑想（めいそう）に励んだ

当時、看護師の仕事をやめて子育てに専念していた恵美子にとって、教団は心のよりどころになった。夫は仕事で忙しく、話し相手が欲しかった。毎日一時間以上かけて東京都内の道場に足を運んだ。そこには耳を傾けてくれる人がいて、道場に来ていた子どもたちも屈託がなかった。

## 「カルマ落とし」の惨状

九四年五月、一家で出家すると状況は一変した。最初に住んだ富士山総本部（静岡県）では、子どもを連れて修行の場所に行くことを許されなかった。

母と離された翔は泣き叫んだ。「子どもへの愛着を断ち切らないといけない。カルマ（業）が移り、聖なる子どものステージが下がる」。そう教えられ、我が子への思いを振り切った。不安が体に表れたのか、修行から戻ると翔は下痢をしておむつが汚れていることが多かった。

しばらくすると、子どもたちだけで熊本県旧波野村（現・阿蘇市）に集められ、親子別々で生活することになった。看護師資格のある恵美子は教団内で「治療省」に所属していた。恵美子は翔や他の子どもたちが気がかりで、旧波野村での健康診断を申し出た。

オウム真理教の施設から脱走した元信者の恵美子＝神奈川県内で 2022 年 12 月 25 日午後 2 時 57 分、野口由紀撮影

現地を訪れると、環境は劣悪だった。乳幼児から中高生ぐらいまでの子どもが一〇〇人ほどいたが、世話係の大人は一〇人ほどしかいない。畳の隙間(すきま)に、ほこりや虫の死骸が詰まっていた。食料が届くのは週に一度だけ。走り回るネズミに食べられないよう金網で囲っていた。

「聖なる者」は一日二食とされ、やせて体が小さい子どもが多かった。恵美子は隠し持っていたバナナをこっそり翔に食べさせた。薬もなかった。「カルマ落としにならない」との理由で、けがをしても消毒を許されない。爪が根元から取れている子もいた。

教育はオウムの教義を絵本やビデオで学ぶばかり。大人の目が行き届かない「無法地帯」で、小さい子の首に縄をくくりつけて遊ぶ年長の子もいた。「ここでは子どもを育てられない」。恵美子は夜中に教団施設を抜け出した。「久しぶりに会えたのに、ここで離れたら二度と会えないかもしれない。一緒に逃げなくちゃ」。懐中電灯を携え、一歳の翔を背負って走った。しかし周囲は山深く、道に迷った末に教団の車に見つかり、連れ戻されてしまった。

### わが子に顔を忘れられ

子どもたちはその後、旧上九一色村などに戻ってきたが、親子は別々のままだった。「翔に会いたい」。そっと近づいて声を掛けたが、慌てて逃げられた。二、三カ月会わないうちに、翔は母の顔を忘れてしまったようだった。

心の迷いを見透かされたのだろうか。恵美子は「尊師」である松本元死刑囚にこう諭された。「子どもへの愛着を切って、しっかり頑張るように」。もう耐えられなかった。先に一人で逃げるしかないと思った。「置いて逃げてごめんね。でも取り返しにいくから」。翔のことを思うと胸が張り裂けそうだった。何度かの失敗の後、恵美子は九四年一〇月、脱走を果たした。

その翌月、オウムの被害者支援をしていた滝本太郎弁護士（神奈川県弁護士会）の協力で翔を返してもらえることになった。世話係の女性信者に抱かれてやってきた翔は、母の腕に抱かれると大泣きした。

再び始まった親子の生活。長期間離れ離れだった影響は大きかった。一緒に布団で寝ていても、気付くと翔は毛布を抱え、台所の隅に丸まって寝ていた。そっと抱えて布団に戻す。そんな日々が繰り返された。

## 三〇年たっても癒えぬ息子の傷

出家当時一〜二歳だった翔は、教団での生活を覚えていない。「お母さんがいないと生きていけない」と口にし、親子関係は修復できたように思える。だが、思春期を迎えて中高生になると、「人との付き合い方がわからない」と学校を休みがちになった。高校を中退し、アルバイトも長続きしない。三〇代になった今も自宅に引きこもっている。

「落ち着いた環境で育てていれば違ったかもしれない」。恵美子は翔をオウムに引き入れてしまった過去を消したくなる。二人が脱会した後、教団は地下鉄サリン事件など数々の凶悪事件を引き起こし、警察の強制捜査を受けた。教団施設にいた約一一〇人の子どもが全国の児童相談所に一時保護されたが、その後の足取りはよく分かっていない。

あの頃、恵美子や翔の近くにいたはずの大勢の子どもたちはどうなったのだろう。「自分で望んだわけではなく、親の意思でオウムに入っただけなのに、心に深い傷を負ったと思う。あの子たちは再び一緒に親と暮らし、幸せな家族になれたのでしょうか」

＊

取材が終わると、野口は恵美子と一緒に外に出て、夕暮れの街を駅まで歩いた。その日はクリスマスだった。野口は幼い子ども二人を育てる母でもある。朝、枕元にプレゼントがあるのを子どもたちが見つけ、歓声を上げるのを見届けてから取材に出かけた。そんなことを話すと、恵美子は「子どもたちは楽しみにしているものねぇ」としみじみと語った。

教団施設にいた一〇〇人ほどの子どもたちが置かれていた状況は、聞いていて胸が悪くなるほど不衛生だったが、問題はそれだけではない。親と切り離され、親子の愛着を否定されることは、「心の土台」を根底から崩される体験ではなかっただろうか。オウム真理教事件が盛んに報道されていた頃、一体どれだけの人がその残酷さに気付いていたのだろうか。

恵美子の話で何よりもショックだったのが、長男である翔が、長い時を経た今も家を出られないでいることだった。恵美子はそんな翔のことを「生きていてくれるだけでありがたいんです」と温かい愛情で接している。三〇代を迎えた今も引きこもり続けている理由について確定的なことは言えないが、幼少時の影響は無視できないだろう。

同じような状況に置かれていたオウムの子たちが今、どうしているのか。成長の過程で支援を受けることはできたのか。野口は気になって仕方がなかった。

## 殺人を正当化する教義

オウム真理教とはどんな団体だったのか、改めて振り返りたい。

教祖の松本元死刑囚は一九五五年三月、熊本県八代市に生まれた。生まれつき目が不自由で、幼少時から通った盲学校を卒業した後、七八年に結婚した。その後は、しんきゅう師や医薬品の販売で生計を立てていた。

八二年ごろから仏教やヨガに傾倒し、「麻原彰晃」を名乗って東京都内でヨガ教室を開いた。八四年に教団の前身「オウム神仙の会」を設立。雑誌や書籍に「空中浮揚」の写真を掲載し、「修行すれば超能力者になれる」などと説いた。オウム真理教に改称したのは八七年だ。

松本元死刑囚は自らを最終解脱者だと称し、信者には「尊師」や「グル」と呼ばせて絶対的な帰依を求めた。教団は富士山総本部や東京本部のほか、大阪、福岡、名古屋、札幌、ニューヨークに支部を開設して勢力を急速に伸ばした。

その教えはインドの仏教やチベット密教、終末論などを取り入れ、独自の解釈を加えたものだ。警察庁や公安調査庁は教義の中でも、「ポア」と称して殺人さえも正当化する秘密金剛乗（タントラ・ヴァジラヤーナ）を特に危険視している。

教団は「現代人は生きながらにして悪業を積むから、全世界にボツリヌス菌をまいてポアする」などと無差別大量殺人の実行を宣言。菌の培養や化学兵器、核兵器などの開発を幹部らに指示して武装化を進めた。

教団は活動に敵対する動きを封じるとして、坂本堤弁護士一家殺害事件、松本サリン事件などを次々に起こした。その帰結が地下鉄サリン事件である。

教団は独自の「出家制度」を持っていた。多くの在家信者が全財産を教団に寄進した上で出家した。

サリン事件が起きた九五年三月時点で一万一四〇〇人の信者がいて、そのうち一四〇〇人が出家していたとされる。親が子どもを連れて出家するケースも少なくなかった。

警察当局は地下鉄サリン事件後の九五年四月、山梨県旧上九一色村（現・富士河口湖町）の教団施設など全国約一二〇カ所を一斉捜索した。同月以降、施設にいた約一一〇人の子どもが山梨県をはじめ、各地の児童相談所に一時保護された。

それは日本の児童福祉行政史上、かつてない経験だった。児童相談所は一時保護した子どもたちにどのように向き合い、社会復帰を支援したのだろうか。そして、国や自治体は宗教が子どもの心身に及ぼす影響をどう捉え、教訓をどう引き継いだのだろうか。

取材班は当時の状況を証言してくれる人はいないか探したが、何しろ三〇年近く前の出来事である。保護に関わった自治体に尋ねても「もう当時の人は残っていません」との答えが返ってくるばかりで、簡単には見つからなかった。

## 家族を絵に描けない子どもたち

そんな中、インターネットの断片的な情報を手がかりに取材班の宮川が当時の関係者に接触できた。全国で最多の五三人を一時保護した山梨県中央児童相談所に勤務していた保坂三雄である。保坂は当時、判定課長として、オウム真理教の子どもたちの心理検査などに携わった。山梨県まで取材に訪れた宮川に、保坂は当時の様子を語ってくれた。

「子どもたちは無表情でおびえていました。自分たちは「逮捕された」と思っているようでした」。保坂は、子どもたちが児童相談所に一時保護されて来た時のことをそう振り返る。

健康診断をすると、子どもたちは発育が遅れ、七歳なのに三歳並みの体の子もいた。肺炎になっていた子もいた。子どもたちに話を聞くと教団施設では義務教育を受けられず、学習は一日一、二時間程度だったという。

「尊師」と呼ばれた松本元死刑囚を理想化し、職員には敵対心をむき出しにした。子どもたちの心理状態を調べようと面接に誘うと、「任意か強制か」「根拠法令を示せ」などと大人顔負けの答えが返ってきた。神聖とされる頭部に触られるのを特に嫌がり、子どもが遊ぶプレールームの黒板に「オウムにかえせ」と書かれていたこともあった。

子どもたちに根深い影響を与えていたのは、「執着を絶つ」として教団内で親子関係が否定され、一緒に出家しても親と引き離されていたことだ。「親の名前や顔を忘れたと話す子もいた。子どもは特定の大人から特別な愛情を受けて自己肯定感を育み、人を信頼できるようになる。情緒が欠如する影響は大きい」。そう言って、保坂は子どもたちが描いた絵を宮川に見せてくれた。

被験者に絵を描いてもらう心理検査の手法を描画法と呼ぶ。その一つが「ＨＴＰテスト」だ。家（HOUSE）、木（TREE）、人（PERSON）の絵から、被験者の家族に対するイメージや無意識の自己像などを調べるもので、児童相談所では広く用いられている。

オウムの子どもたちが描いた家は、煙突から炎が噴き出ていたり、極端に小さかったり、傾いていた

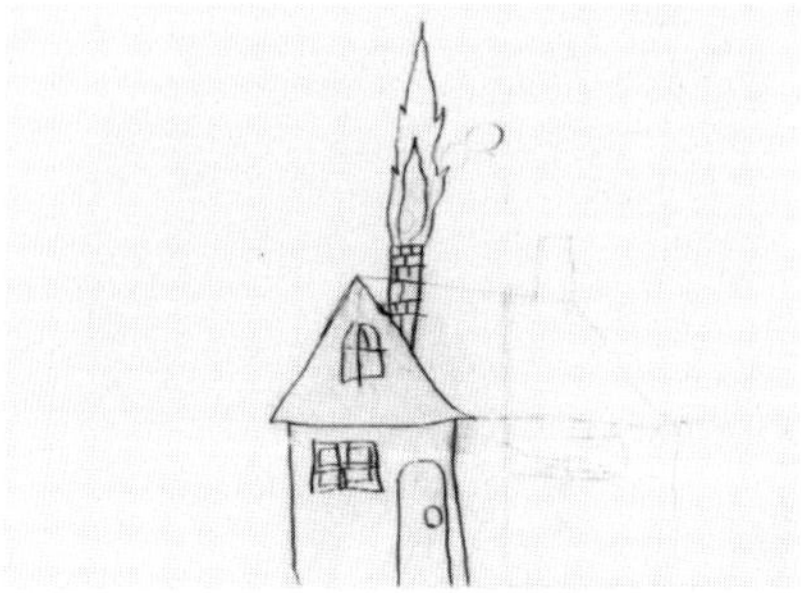

オウム真理教の施設から一時保護された子どもが描いた絵＝保坂三雄提供

りした。そもそも家を描けない子もいた。保坂は「家族関係に苦しみや怒りを抱いていることが表現されている」という。「家族を描く」という課題はさらに難しかった。家族全員の絵を描けた子は一割に満たず、思春期の子どもは誰も家族を描かなかったという。父親の絵を描いて後から消そうとしている絵もあった。

「オウムの教義では親子関係は執着とみなされ、地獄に落ちるという恐怖を教え込まれていたため、父親を忘れなければいけないという思いがあったのではないか」と保坂は推察する。

人を描いてもらうと、裸の絵が多いのも特徴的だった。通常は小学校低学年でもたまにしか見られない描写だが、オウムの子どもたちは小学校高学年でもこのような絵を描くケースが見られた。

一時保護所では、次第に野生児のように泥だらけになって遊ぶ子もいて、保坂の目には「育ち直し」をしているように映った。最初は紙の隅っこに小さく描かれていた木の絵が、次第に大きく描かれるようになった。

だが、こんな経験もした。子どもたちが一時保護所を出て一年後、保坂は個人的なつながりを通じて数人の子どもに絵を描いてもらった。家族を描いてと頼んだのに、ある子は宇宙船の絵を描いたという。家族関係を再構築することの難しさがうかがわれた事例だった。

## 公文書に手がかり求めて

保坂と一緒に絵を見つめながら、宮川は子どもたちが心に残した傷の深さを思わずにいられなかった。ただ、保坂以外で一時保護に携わった職員への取材は難航した。実態をもっと知り得る手段はないだろうか。デスクの藤田は「当時の行政文書が残っていれば、何かわかることがあるかも知れない」と考え、取材班にリサーチするよう指示した。

野口が山梨県中央児童相談所に当時の文書が残されていないか尋ねたところ、「残っているものがあるとすれば個人のケース記録。あったとしても個人情報に該当するので出せないと思いますよ」と色よい答えは返ってこなかった。「個人に帰属しない記録は残ってはいないでしょうか?」と食い下がると、「調べてみないとわからないので、また数日後に電話をください」とのことだった。

何度かのやりとりの後、正式に山梨県に対して情報公開請求をすることになった。請求を踏まえ、中央児童相談所が倉庫も含めて当時の資料をくまなく探したところ、相当量の資料が残されていることが判明した。二三年二月上旬まで断続的に開示を受けた資料の総数は三四種類、計二八七四ページに及んだ。

野口が膨大な資料を一枚ずつめくっていると、ひときわ目を引くものがあった。子どもたちが一時保護中に使っていた学習帳や日記のコピーだ。

「しゃんりんしゃであそんだ（三輪車で遊んだ）」などと、小学校低学年ぐらいのあどけない字がつづられた学習帳に突然、こんな記述が出てくる。「おうむにかいせ（オウムに返せ）」「けいさつのばかもの」――。

別の子どもが書いた日記帳では、児童相談所の職員が楽しかったことを書くように水を向けても、「かくことない」と心を閉ざしたかのような記述が続き、「はやくオウムにかえせ」とノートいっぱいに書き殴っていた。子どもたちが現実に適応できない苦しみ、心の叫びが伝わってくるような気がして、野口は胸が詰まった。

資料を読み込んでいくと、教団施設内での子どもたちの成育環境や心理状態の分析、一時保護を巡る国や自治体の対応が次第に見えてきた。

取材班は開示資料や保坂への取材を基に、一時保護の様子を再現し、「ドキュメント「オウムの子」」というタイトルでウェブに連載した。その内容を中心に紹介したい。

## これって誘拐？――ドキュメント「オウムの子」㊤

「今から捜索を開始します」。一九九五年四月一四日午前八時、山梨県中央児童相談所に、県警から連絡が入った。この日、警察当局は全国にある教団関連施設約一二〇カ所を一斉捜索。山梨県旧上九一色村（現・富士河口湖町）には「サティアン」と呼ばれる拠点が複数あり、児童相談所の職員たちは保護が必要な子どもの受け入れ準備を進めていた。ただ、その規模は直前まで分からず、当日も「二五人」「五〇人」「七五人」と情報が入り乱れた。

午後三時前、子どもを乗せたバスが到着した。県警機動隊の誘導で、児童相談所の正面玄関につけられた。報道陣が構えるカメラのフラッシュやライトが光る中、警察官に抱きかかえられた子どもたちが次々に降りてきた。その数は五三人。ヘッドギアと呼ばれる装置を頭にかぶっていた。

多くの子どもは着くなり「おしっこ！」と言い出し、職員らは慌ててトイレに並ばせて採尿した。その後、おもちゃなどがある「プレールーム」に集め、健康診断に移った。

## 身長低く、透き通るような肌

この日は肌寒かったが、多くの子どもはTシャツ一枚で裸足だった。服は汚れ、足の裏は真っ黒。職員がヘッドギアを取るよう促すと素直に応じた。

自ら立てない子が一人いた。毛布の上に寝かされると、弱々しい声で「ここは現世？」と職員に尋ねた。職員が優しく頭をなでると「触るな、だめなんだ」と起き上がる。頭部は神聖なものと教団で教えられていた。

健康診断の結果、八人が肺炎の疑いで入院。身長が同年代の平均値を下回る子どもは五三人中四七人（八八・七％）に上った。標準成長曲線を大きく下回る「低身長」の子は九人（一七％）。同年代の平均値より一五〜二四センチほど低く、実際の年齢より三〜四歳下に相当する。

ほとんどの子どもは透き通るような白い肌だった。教団が毒ガス攻撃を受けていると信じ込まされ、ほとんど外に出られなかったからだ。「貧血あり」または「栄養不良」と診断されたのは二五人（四七・二％）。

子どもたちはプレールームでおもちゃを手に大騒ぎだったが、「これって誘拐じゃないの」と話し合う声も聞こえた。

児童相談所には、信者の親と称する人たちが子どもを取り戻そうと詰めかけていた。機動隊が警備に当たったが、緊迫する状況が続いた。ある子どもはブラインドの隙間から外をのぞき、「父ちゃんだ」と言った。

職員は総出で日勤・夜勤の態勢を組み、食事や入浴、就寝などの準備に追われた。子どもは朝から何も食べていなかったとみられ、食欲は旺盛だ。丼三杯お代わりする子や、箸が使えず手づかみで食べる子もいた。入浴習慣のない子が多く、風呂では突っ立っているだけだったり、洗い方を知らなかったりした。

就寝時間になっても多くの子はなかなか寝付けず、午前一時ごろに全員が眠った。一時保護の初日は慌ただしく幕を閉じた。

## 教祖逮捕に「でっち上げだ」

二日目以降、子どもたちは順次、警察の事情聴取を受けた。他の時間帯はアニメのビデオを見たり、外でブランコや一輪車で遊んだりした。ミミズやカエルを探し、泥まみれになって遊ぶ子も。職員らによる面接や心理検査も実施された。

一時保護所での生活に慣れてくると、子どもたちの緊張感は薄れていった。フェンスに登って外に出ようとしたり、職員の指示に従わなくなったりした。一方で職員になつき、甘える子もいた。

多くの子どもが口にしたのが、「オウムに帰りたい」という言葉だ。五月一六日、松本元死刑囚が逮捕されたとのニュースがテレビで流れると、子どもたちは「うそだ、でっち上げだ」と声を上げた。

職員が子どもたちの様子を記した「オウム日誌」。同月一九日には、このような記述がある。「職員にオウムのことで質問されると皆で一斉に説明し、納得してくれるまですごい勢いでしゃべる。ニュースを見てたまっていた不満やストレスを職員にぶつけ、話をすることで解消しているようにも思われた」

## 現世に無関心「二年後に最終戦争」

教団は子どもたちの心を強く支配していた。一時保護一カ月段階で、児童相談所が作成した「オウム児童の行動観察、面接、心理検査結果の概要」と題する書面によると、多くの子どもはオウムを「心のよりどころ」とし、現世への関心を失い、現世の生活へ戻ること、つまり社会復帰を恐れていた。

例えば、ある子は「父の家には絶対に帰らない。帰るなら自殺する」「(現世に)戻っても生きていけ

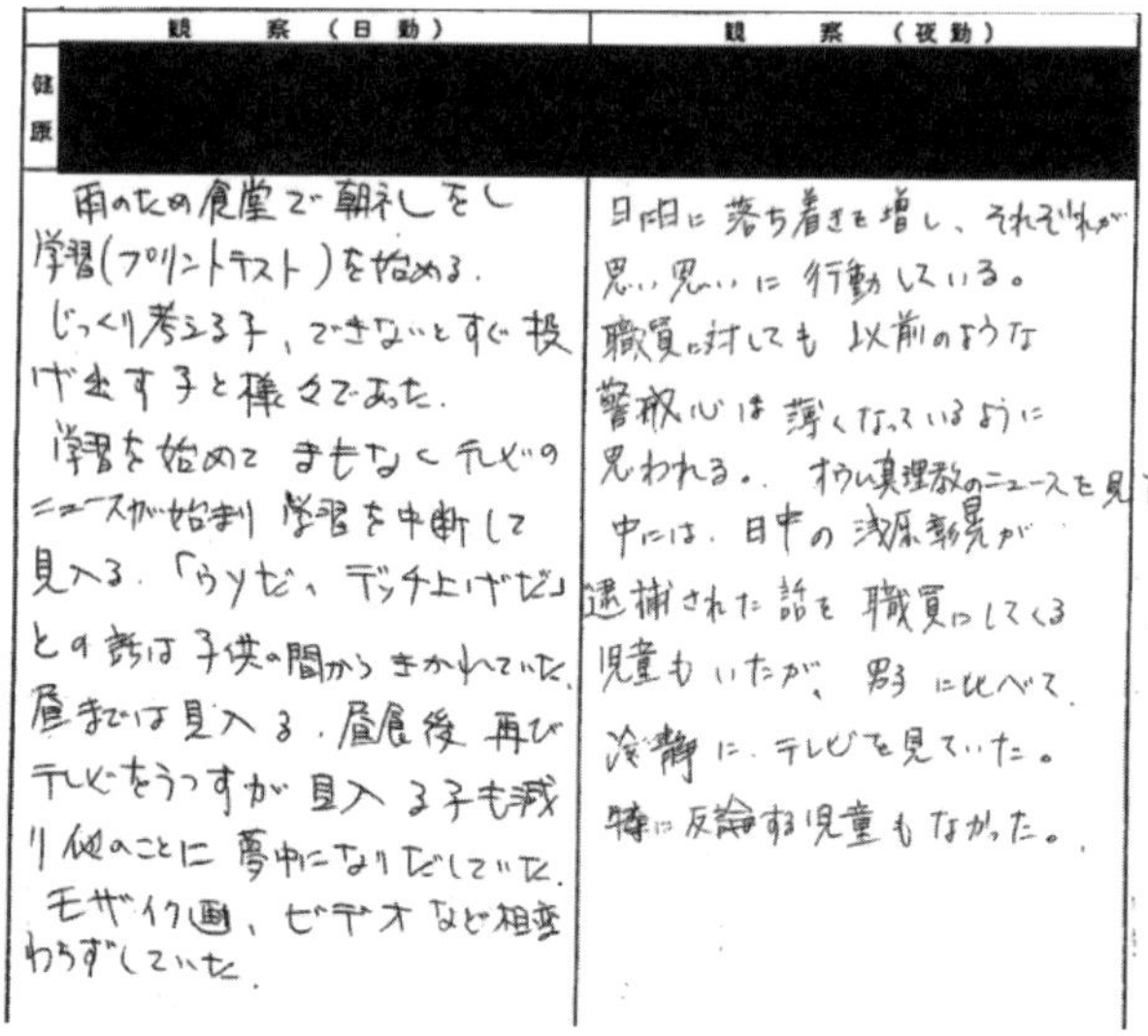

| 観察(日勤) | 観察(夜勤) |
| --- | --- |
| 健康 [redacted] | |
| 雨のため食堂で朝礼をし<br>学習(プリントテスト)を始める。<br>じっくり考える子、できないとすぐ投<br>げ出す子と様々であった。<br>学習を始めてまもなくテレビの<br>ニュースが始まり学習を中断して<br>見入る。「ウソだ、デッチ上げだ」<br>との話は子供の間からきかれていた。<br>昼までは見入る。昼食後再び<br>テレビをうつすが見入る子も減<br>り他のことに夢中になりだしていた。<br>モザイク画、ビデオなど相変<br>わらずしていた。 | 日に日に落ち着きを増し、それぞれが<br>思い思いに行動している。<br>職員に対しても以前のような<br>警戒心は薄くなっているように<br>見われる。オウム真理教のニュースを見ながら<br>中には、日中の浅原彰晃が<br>逮捕された話を職員にしてくる<br>児童もいたが、男子に比べて<br>冷静に、テレビを見ていた。<br>特に反論する児童もなかった。 |

児童相談所の職員が一時保護された子どもの様子を記した「オウム日誌」。松本智津夫元死刑囚が逮捕された1995年5月16日にはニュースに見入ったと書かれている＝山梨県の開示資料より

ない」と発言。ある子は「今年後半に戦争が始まり、二年後にはハルマゲドン(世界最終戦争)となり死んでしまうので、あと二年しか生きられない」と信じていた。

また、ある子は焼却炉で発泡スチロールを焼いたところ、黒煙が勢いよく出たのを見て、「毒ガス攻撃だ」と驚き、屋内に避難した。

子どもたちは学校に長期間通わず、一般常識や知識が著しく欠けていた。山を見るとどれも「富士山」という、田んぼを知らない、太陽が西に沈むことを知らない、といった具合だ。学齢期なのに、学校教育を受けたことがない子どもが一〇人以上いるようだった。

自分の意思や判断、感想などをはっきり表現しないのも特徴だ。食事の後、おいしかったか聞いても「分からない」と大半の子どもが答えた。心理検査で文章を完成してもらう

テストでは、何も記入しない項目が多かった。記入できたことの大半はオウムのことだった。

家族関係や親子の愛着を否定したり、軽視したりする子が多かった。教団では親子関係は超越すべきものとされ、一緒に出家しても引き離されたからだ。子どもたちは「母親の顔は分からない。父親には一回しか会ったことがない」「家庭という言葉の意味が分からない」「尊師には会いたいが、両親には会いたくない」などと職員の面接に答えている。

閉鎖的な教団生活から突然、解き放たれたオウムの子どもたち。児童相談所の職員たちは前代未聞の事態に向き合っていた。

## 過酷な修行――ドキュメント「オウムの子」㊥

一時保護されるまで、子どもたちは教団でどんな生活を送っていたのだろうか。それは児童虐待ともいえる劣悪な環境だった。

山梨県旧上九一色村（現・富士河口湖町）にあった教団施設「第一〇サティアン」。児童相談所の職員が聞き取った記録によると、子どもたちはその二階で大半の時間を過ごした。

県が開示した「第一〇サティアン二階見取り図」によると、二階南側には中央の壁際に祭壇があり、その前が広場になっている。広場には勉強室や遊戯室があり、子どもたちはそこで修行や勉強、食事な

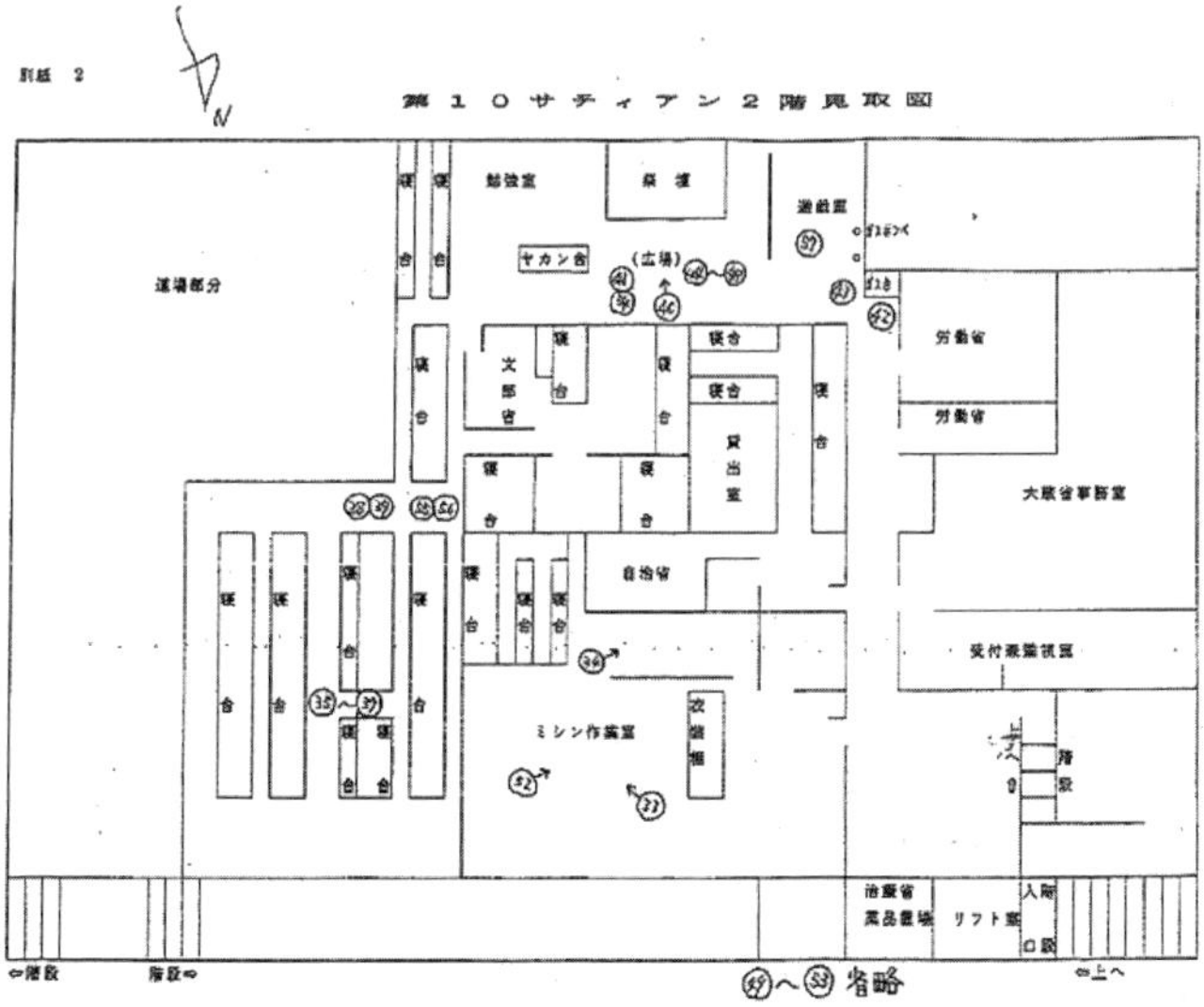

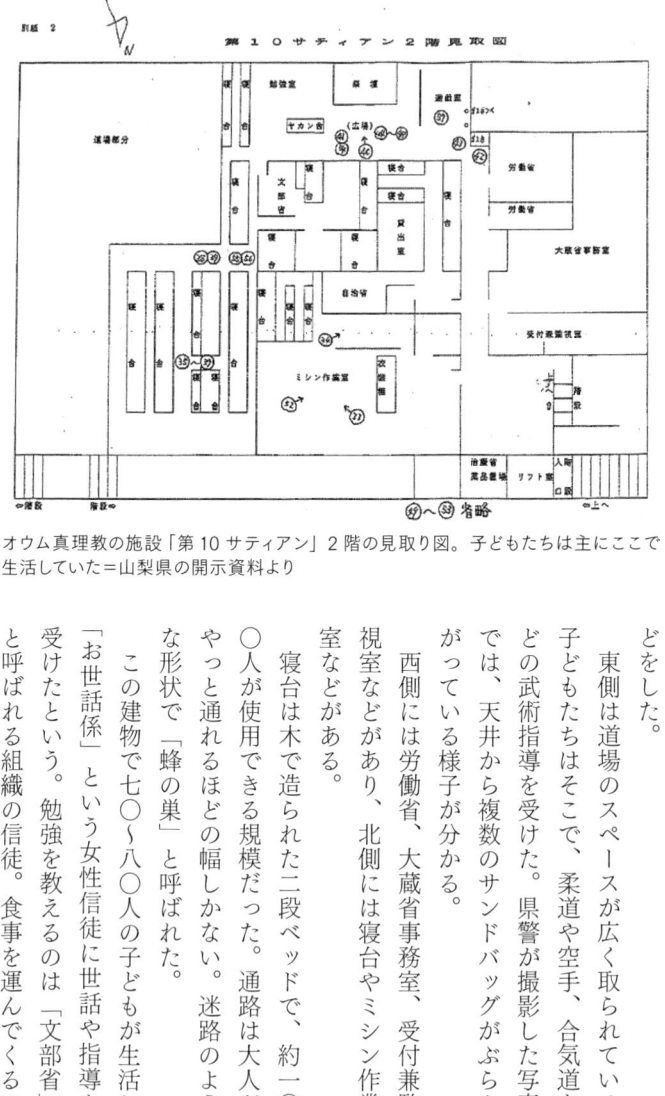

オウム真理教の施設「第10サティアン」2階の見取り図。子どもたちは主にここで生活していた＝山梨県の開示資料より

どをした。

東側は道場のスペースが広く取られている。子どもたちはそこで、柔道や空手、合気道などの武術指導を受けた。県警が撮影した写真では、天井から複数のサンドバッグがぶらさがっている様子が分かる。

西側には労働省、大蔵省事務室、受付兼監視室などがあり、北側には寝台やミシン作業室などがある。

寝台は木で造られた二段ベッドで、約一〇〇人が使用できる規模だった。通路は大人がやっと通れるほどの幅しかない。迷路のような形状で「蜂の巣」と呼ばれた。

この建物で七〇〜八〇人の子どもが生活し、「お世話係」という女性信徒に世話や指導を受けたという。勉強を教えるのは「文部省」と呼ばれる組織の信徒。食事を運んでくるのは「師」という階級の大人だった。

## 走り回るゴキブリ、ネズミ…

内部は極めて不衛生だった。ベッド周辺は子どもが掃除することになっていたが、ほとんど誰もしなかった。強制捜査に入った警察官は「床は汚れすぎて、靴を脱いで上がれる状況ではなかった」と話している。

教義で殺生を禁じられていたため、ゴキブリやネズミ、ダニが大量にいた。ある子どもは「何回もダニに食われたが放っておいた」「ゴキブリを瓶に入れて飼っている人もいた」と話したという。

トイレは水洗式が四つあったが、水道の水が出ない。ドラム缶にたまった水を使い、各自がバケツで流した。臭くてハエや虫がたかっていた。

入浴施設はなく、一〇日から二週間に一回、全員でバスに乗って他の施設へ向かった。そこも風呂はなくシャワーだけ。普段は服を着替えず、シャワーの時に着替えた。手や顔は洗わず、歯も磨かない。「水がもったいない」「修行で身についたものが落ちてしまう」と子どもたちは理由を話したという。

ベッドのマットは汚れがひどく、段ボールを敷いて寝る子どもが多かった。靴下をはかず足は真っ黒。教団が毒ガス攻撃を受けていると信じ、窓を開けることも、衣服や寝具を日光に干すこともなかった。

食事は「供養」と呼ばれ、食べ物を捨てることは厳禁だった。「尊師」である松本元死刑囚のエネルギーが入っていると教えられていたからだ。「カビが生えたまんじゅうや、うじがわいたバナナも食べさせられた」と子どもたちは証言した。ラーメンとそばは箸を使うが、それ以外は手づかみだった。

## ヘッドギアが二分に一回「ビリッ」

日課も決められていた。午前八時に起床し、一一時まで三時間の修行。昼食や自由時間をはさみ、午後二時から一時間勉強する。さらに体育や武道が一時間。夕方は五時から一時間修行した後、夕食をとる。夜の自由時間をはさみ、就寝は一一時半だった。

修行は呼吸法、れんげ座を組んでの瞑想（めいそう）、立位礼拝に加え、オウムの歌を皆で歌ったり、「尊師」のビデオを見たりした。

頭にかぶるヘッドギアには電極が付いており、終日着用が原則だ。昼間はバッテリーを付けて携帯し、就寝時はベッドに配線されていた。二分間に一回くらいビリッとしたという。子どもたちは「これを着けるとエネルギーが高くなり、死んだ時に天国に行ける」などと説明した。

勉強は一日一時間、算数と国語が中心だ。金曜日には工作と歴史を交代で学んだ。歴史は教団が必要と考える歴史観に基づくもので、ヒトラー賛美などの内容が含まれていた。

親子が親しく会話を交わすことはなく、親のことを○○さんと姓で呼んだ。親に会いたいというと「修行が足りない」と叱られた。

医療も乏しかった。病気が重くなると医師の治療を受けられるが、多少のけがなら放置された。けがをすることは「カルマ（業）」が落ちると前向きに解釈されていた。

懲罰も厳しかった。食べ物を残すと、れんげ座に組んだ足をバンドできつく縛る「縛りれんげ座」を長時間させられた。短くても一～四時間、長い時は二四時間に及んだ。両手を後ろ手に縛られることも。泣いても許されず、失禁しても放置された。ある子どもは「天井のはりにロープを回し、手足を縛って逆さづりにされた」と証言している。

## 消せない記憶――ドキュメント「オウムの子」㊦

一時保護されていた期間中、子どもたちの様子はどのように変化したのだろうか。ある児童がつづった日記から探ってみたい。

表紙に「にっきちょう」と書かれた学習ノート。その記述は、児童相談所に入所後約一カ月がたった一九九五年五月一五日から始まる。この日、テレビや新聞の閲覧が解禁され、子どもたちは「通常日課」として午前は学習や作文、夜は日記を書くようになった。

「あいうえおかきくけこ……」。一ページ目はひらがなの練習とみられ、あどけない文字が並ぶ。続いてカタカナの練習。「ひらがなはOK、カタカナはみないと書けません」と職員のコメントがある。

読み進めると、唐突にこんな記述が出てくる。「げんせのバカバカゆうかいはんにんけいさつだー」

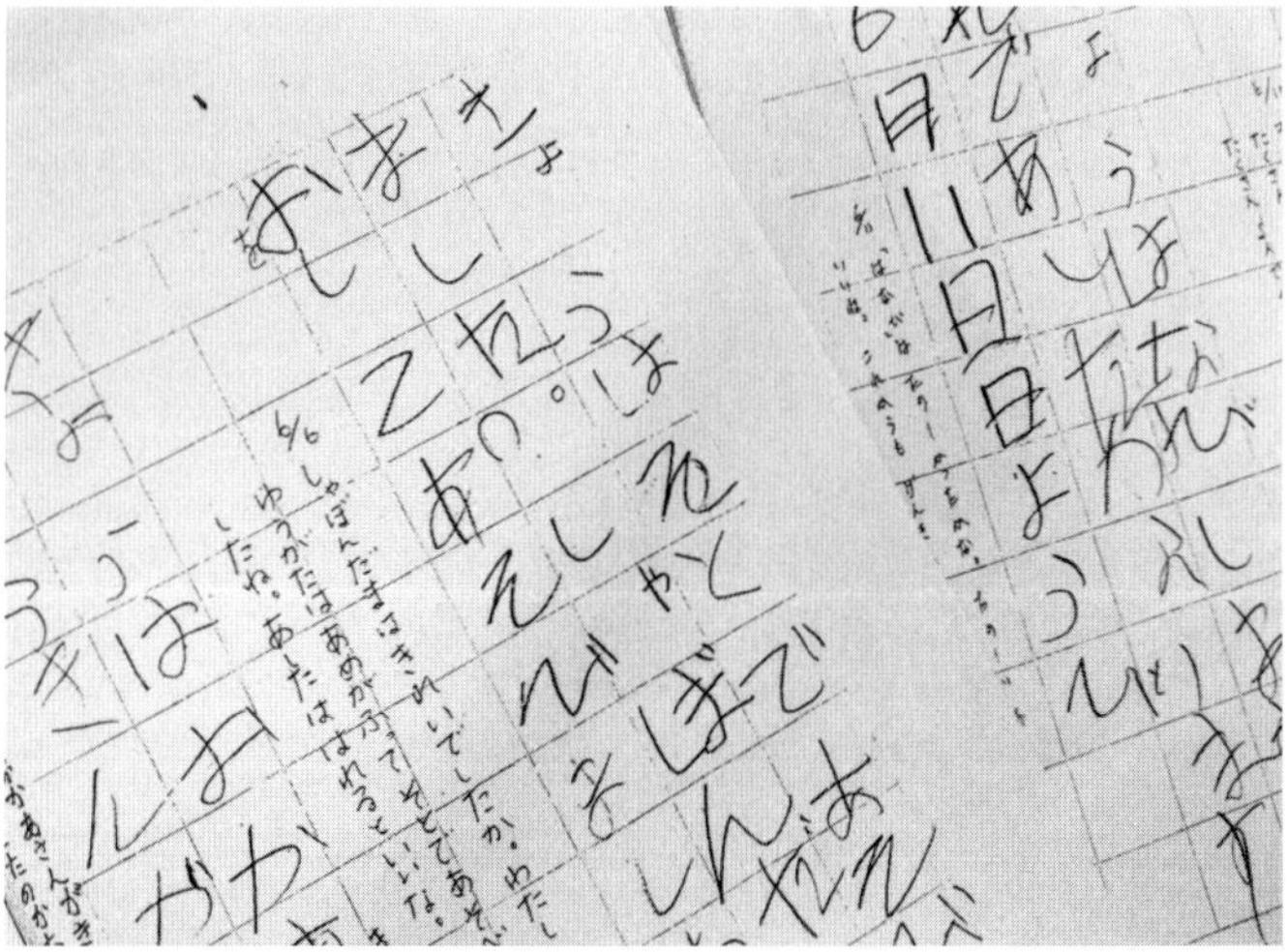

オウム真理教から一時保護された子どもの日記。「きょうはそとであそびました」などと日常がつづられている＝山梨県の開示資料より

「げんせ」は現世のことだろう。オウムでは現世は超越すべきもの、警察はオウムを弾圧する「敵」だと教えられていた。一時保護された際に「誘拐された」と思い込み、児童相談所の職員に敵意を示す子も少なくなかった。

## 児相職員が教える楽しみと規律

職員は辛抱強く、優しく子どもに接した。日記に対する職員のコメントはこんな具合だ。「よくかけています。でも、たのしいこともかいてね。パズルはどうでしたか？」

五月一九日。身近な題材を使ってカタカナの練習をした。「ミカン」「センタク」「ケシゴム」「センセイ」……。職員は「じょうずにかいているね。どんどんおぼえていこうね」と励ました。

二〇日は自分の好きなものを三つ並べて書いた。「セーラームーン」「あいすくりーむ」「ドラえもん」

多くの子どもは自由時間になるとアニメに夢中で、おやつにアイスが出ると喜んだ。

職員は子どもたちに「現世」の楽しみや人との関わりを知ってもらうと同時に、規律も教えた。「おねしょしません」「ろうかお（を）きれいにしました」などの記述が増えてくる。

教団では毒ガス攻撃を受けていると信じ込み、窓を開けることも、外へ行くこともほとんどなかった。日記には外で遊ぶことの喜びがにじむ。「きょうはそとであそびました。しゃぼんだまお（を）してあそびました」

六月に入ると保護者との面会が始まった。教団では親子が別々に暮らし、一時保護された当初は親の名前を忘れていた子がいた。時間とともに教団へのこだわりは薄れ、親との面会を楽しみにする子もいた。

六月七日の日記。「きょうはおかあさんとおとうさんがきました」

退所の日が近づき、最後はこうつづった。「きょうはなびします　それであしたかえります」

## マインドコントロールと行政支援

山梨県の中央児童相談所に一時保護された五三人は七月一二日までに全員が退所し、子どもの住民票がある地域などに移管された。

退所前日に花火をすることが恒例になっていた。職員が子どもたちの様子を記録した「オウム日誌」

には、別れの日が近づいた子どもが「花火に来て」と職員を誘う姿が記されている。

別の記録によると、その子は七夕の短冊に「お母さんと一緒に海に行けますように」と願いを託した。ただ、感情の起伏が激しく、突然周囲に当たり散らすこともあったという。

五三人の移管先は二一都道府県にわたった。九五年一二月一日時点の記録では二七人が親族に引き渡され、二五人が児童福祉施設に入所。一人は一時保護が続いていた。

九六年の警察白書によると、九五年四月の山梨県に続き、五月に群馬県で三一人、東京都で一〇人を一時保護するなど、八都府県で一歳から一四歳までの子ども一〇七人が一時保護された。国の別の資料には、八月までに一一二人の子どもが全国一六の児童相談所に一時保護されたとも記されている。

このような未曽有の事態に国はどのように関与し、フォローは十分だったのだろうか。

山梨県の開示資料によると、厚生省（当時）は九五年六月六日、「児童相談所連絡打ち合わせ会」を開催した。同省の他、山梨県など複数の自治体から児童相談所の職員らが参加した。同省担当者は「各都県における自主的解決を尊重し、国としては連絡調整をしている」と発言し、あくまで児童相談所を管轄する自治体が主体であることを強調した。

六月一九日に開かれた山梨県中央児童相談所の会議録を読むと、職員たちが混乱の中でも精いっぱいの対応をしたことが伝わってくる。

「通常の一時保護とは違って大変であった。前もって予行演習ができればよかった」

「保護しての対応はよかった。自由に遊ばせてやることができた」

「当所が全国で初めて保護したので、そのまとめと資料は必要である」

一方で、こんな恨み節もあった。「これだけケースが広域化しているものについては厚生省が中心になってやらなければ限界がある。専門官も山梨に来てはくれない」

宗教が及ぼす影響の深刻さを指摘する意見も出た。ある職員は「マインドコントロールが社会適応を困難にしている。本人自身が自覚していないところが今後の課題と考える」と話し、別の職員も「将来どのようになっていくのか心配している」と案じた。

当時、判定課長だった保坂は「当時の子どもたちがどのように大人になったのか。当時の支援で何が足りなかったのか。私もそれが知りたい。教訓を伝えていくことが必要だ」と話す。

## 共有されぬ公的記録

山梨県の開示資料や保坂の証言からは、児童相談所が限られた準備期間と人員で、必死になってオウムの子どもたちに向き合ったことが伝わってきた。しかし、疑問も残った。これだけ広範囲かつ、異例の事態を国が自治体任せにしたのは責任放棄ではないのか。そして、この経験を国はどのように総括し、教訓として生かしたのだろうか。

取材を進める過程で、国が一時保護された子どもたちの心理状況について研究班を結成していたとの断片的な情報を耳にした。厚生労働省に何度か問い合わせたが、「資料を探したが分からない」との答えばかりで存在自体を確認できない状態が続いた。

山梨県の資料を読み進めると、やはり国が児童相談所の協力を得て研究を進めていた形跡があった。キーワードを頼りに調査を進めると、国立保健医療科学院が所蔵する研究報告書にたどり着いた。

その報告書は「児童の社会的適応能力に関する研究」というタイトルだ。一見するとオウム真理教に関するものだとは分からない。しかし、九五年度の厚生科学研究費補助金、つまり国民の税金が投じられた公的な研究だった。

主任研究者は日本総合愛育研究所の平山宗宏所長（当時）。大学教授や児童相談所長を責任者にした三班による分担研究体制で、オウム真理教の子どもたちを一時保護した各地の児童相談所に調査票を配布・回収し、心身の発達状況や行動の特徴などについて分析していた。

報告書によると、山梨県の中央児童相談所で一時保護された五三人は四〜一四歳で、このうち四二人は小学生相当、七人は中学生相当の年齢だった。入信期間は少なくとも一二人が六年以上。親に連れられ、生まれてすぐ入信した子も多かったとみられる。

## 秘密結社のような研究班

報告書は教団施設での生活について「修行の名のもとに、あるいは特異な教義に基づいて虐待行為が行われていた疑いがある」と指摘し、懲罰や暗い部屋への監禁、親子関係の遮断、不十分な医療などを具体例として挙げている。さらに「カルトの犠牲者である子どもたちが適切なケア・援助を必要とすることは論をまたない」と記し、特異な生活体験が人格形成にどのような影響を与えたか、長期的に経過を見守る必要性があるとも述べている。

野口がこの研究に携わった人に話が聞けないか探すと、日本子ども虐待防止学会の前理事長で小児精神科医の奥山眞紀子がオンラインで取材に応じてくれた。

パソコン画面に現れた奥山は開口一番、「よく報告書にたどり着きましたね」と目を丸くした。当時はメディアの取材合戦が激しく、子どものプライバシーを守るために研究に関する情報の秘匿が徹底され、研究タイトルもオウム真理教に関するものだとは分からないようにされたという。このため、三つの研究班が互いに情報を十分に共有することもなく、「秘密結社のような研究班だった」と振り返る。

研究は単年度で終わったという。奥山は「子どもたちが社会に適応するのは簡単ではなく、その後が心配だった。長期的に支援して経過を見る必要があると思い、研究終了に抵抗したが継続されなかった」と悔やむ。

この研究はマインドコントロールなどに関する当時の最先端の知見に基づき、宗教が子どもの心身にどのような影響を及ぼすかを分析した貴重な成果だった。しかし、私たちが探しあぐねたように、現在、その報告書にアクセスするのは極めて難しくなっている。さらに、厚労省の担当部署でさえ存在を把握していないという現状は、研究成果が社会に還元されていないのと同義ではないだろうか。

もちろん、子どもたちのプライバシーに配慮し、社会復帰を最優先するのは当然のことだ。一時保護所を出た子どもたちを追跡し続けることが人権配慮上、難しいことも理解できる。ただ、子どもたちを長期的にフォローし、この教訓を生かす方法が何かあったのではないだろうか。野口は取材した元信者らが脱会後も長期間、苦しんできたことを思うと歯がゆい気持ちになった。

## 十分なサポートなければ再入信

地下鉄サリン事件後、国が信者の子どもにどのような対応を取ったのかを調べるため、取材班の森口は国立公文書館を訪れた。

事件から四年が経過した九九年一二月三日、国会では団体規制法が成立した。正式名称は「無差別大量殺人行為を行った団体の規制に関する法律」。オウム真理教を念頭に、公安調査庁による立ち入り調査などを可能にする法律だ。

政府は法制化にあたり、同年五月に「オウム真理教対策関係省庁連絡会議」を設置し、数度にわたり会議を開いた。議長は古川貞二郎・内閣官房副長官。他に警察庁や法務省、公安調査庁の幹部らが構成員として名を連ねる。

その会議で信者の子どもたちに関する議論はなされたのだろうか。当時の記録をたどっていくと、団体規制法が施行される一〇日前、一二月一七日付で「オウム真理教信者等に対する社会復帰対策の推進について」という申し合わせがなされている。省庁別に信者からの相談対応や生活支援などを記したもので、例えば警察庁は「脱会についての相談には誠実に対応する」「脱会者が保護を求めてきた場合には、関係機関を通じて福祉施設や医療施設等に引き継ぎを行う」などと定めていた。

信者の子どもに関する内容では、文部省（当時）が「市町村教育委員会における就学事務が適切に行われるよう、都道府県教育委員会を通じて情報収集に努める」、厚生省（当時）が「児童の保護が必要な場合には、関係省庁と連携して、児童相談所において個々の状況に応じて、親族による引き取り、児童相談所への入所等の適切な対応を行う」と書かれている。

二〇〇〇年一二月の会議では、「特定集団からの離脱者に対する精神医学的・心理学的支援の在り方についての研究会」に関する報告書が紹介されていた。この報告書では、オウム真理教などのカルト集団からいったん離脱できても、十分なサポートがなければ再入信することが多いとして、家族による受け入れの支援が重要だと指摘している。

ある研究者は脱会者について「それまでの依存対象を喪失した空虚感や人間関係における断絶感などのほか、恐怖や罰によって条件付けられている情緒の不安定さや生活苦などの心理的または社会経済的な後遺症に悩まされている」と指摘し、継続的な支援の必要性を強調していた。

森口は、こうした特徴がこれまで取材してきた宗教二世にも当てはまると感じた。ただ、国立公文書館で開示された記録の全体を読んでみても、国がオウム真理教から一時保護された子どもたちを継続的にフォローしたり、その教訓を生かしたりした形跡は見つからなかった。

## 児童相談所の担当者たちが残したもの

公的資料を探す取材班の試みは続いていた。その過程で、かつて全国の児童相談所がさまざまなケースを共有する「児童相談事例集」が年に一度発行されていたことが分かった。監修していたのは厚生省児童家庭局（当時）で、九六年版ではオウム真理教の子どもの一時保護事例が紹介されていた。現在はプライバシーの観点から作られなくなり、厚労省の図書館にも当該の号はなかった。しかし、取材班の菅沼が各地の図書館や研究機関に尋ねた結果、ようやくある研究機関の協力で閲覧することができた。

その事例集では、五都府県の児童相談所の職員がケースを詳細に振り返り、オウムの教えで凝り固まっていた子どもたちが、もがきながらも社会に戻っていく様子が丁寧に記録されていた。

ある児童相談所は両親とともに出家した小学生の兄弟のケースを取り上げた。一時保護所での生活で、兄弟は基本的な生活習慣を身に付け、職員とも打ち解けた。ただ、一時保護の終盤になっても、家族の話になると表情が硬くなり、家庭へ引き取られた後も「ハルマゲドンが起こる」などと発言していたという。

その児童相談所は兄弟が無理なく社会復帰できるように、両親の元に引き渡すまで半年かけた。しかし、職員は家庭復帰後の時点でも「家族の間に若干の緊張関係が見られ、児童の両親への信頼、依存がどこまで回復しているのか不明」と記し、教義の影響については「内面的には大きく変わったとは言い難い」と評している。

多くの自治体の職員が指摘したのは、家族関係を再構築する難しさや、児童相談所の関与が終了した時点でも教義の影響から完全には抜けきれていないことだ。別の児童相談所の職員は、一時保護はあくまでも社会復帰のためのワンステップであり、継続的な心理的ケアや相談体制の整備などが必要だとして、「行政がどう関わっていくかが課題だ」と指摘している。

現場で子どもたちに向き合った担当者だからこそ書ける、具体的で貴重な記録だ。しかし、この事例集も社会の中で共有されず「お蔵入り」となっているのは残念だと言うしかない。

## 生かされなかった「警鐘」

野口はもう一つの観点でも取材を進めていた。多くの死傷者を出した九五年の地下鉄サリン事件が起き、教団が強制捜査を受ける前に、信者の子どもたちを保護するきっかけはなかったのだろうか。

実は地下鉄サリン事件の五年前、子どもたちが社会から切り離され、劣悪な環境にいることが司法の場で明らかになっていた。

きっかけは九〇年八月、大阪府内の男性四人が大阪地裁に人身保護請求を申し立てたことだ。四人はそれぞれ、オウム真理教の信者である妻が子を連れて出家し、就学させずに教団施設で生活させているとして、一～一四歳の計一一人の引き渡しを求めた。

人身保護請求は、法律上正当な手続きによらずに身体の自由を拘束されている者が救済を求める手段だ。人身保護法に基づき、誰でも被拘束者のために請求できる。①身体の自由を拘束されていること、②拘束の違法性が顕著であること、③他の方法では相当の期間内に救済が達せられないことが明白であること――が要件となる。

裁判では、子どもの国選代理人を務めた弁護士が静岡県の教団施設などに入り、妻や子どもに話を聞くなどして調査していた。子どもは学校に通わず、早朝から夜遅くまで修行し、十分な食事や医療も提供されていなかった。子どもが母親と引き離されていた時期もあった。

これに対し、母親側が裁判所に提出した子どもの作文には、教団施設での生活を望んでいるかのように記されていた。

「学校なんていやだ。ぜったいいやだ。しゅくだいなんかしたくない」「オウムにいたいんだ。家に帰りたくない。しゅぎょうをして、成就をしたいんだ。あさはらそんしをそんけいしているんだ」（小学三年男児）

「わたしは、しゅっけしてよかった。オウムのきょうがくがすき」「ふじのどうじょうであそぶのがすき」（小学一年女児）

「子供たちにとっては、つらい修行だけど、何日かたてば、すぐになれてくる。オウムの生活にもなれてきた」（男児）

しかし、九〇年九月の地裁判決は、母親の監護下に置くことで、子どもが劣悪な生活環境にある教団施設内で一般社会から隔離された集団生活を送ることになり、将来、社会への適応能力を欠く事態になりかねないと指摘。自らの自由意思で入信したと認定した一四歳の少女一人を除き、計一〇人を父親の元に戻すよう命じた。

ただ、この判決後、教団側は態度を硬化させた。弁護団メンバーだった加納雄二弁護士（大阪弁護士会）によると、教団側は同様の請求に対して「（子どもが）どこにいるかわからない」と答えるなど、誠実な対応をしなくなったという。

さらに、裁判所によって判断は分かれた。九〇年一二月の福岡地裁判決は、妻とともに入信した中学生の子ども二人の自由意思を認め、夫側の引き渡し請求を棄却した。結局、多くの子どもたちが保護されぬまま、教団は凶悪化して数々の事件を引き起こした。

## 宗教二世を巡る「失われた三〇年」

オウム真理教事件によって社会は変わったのだろうか。答えはイエスであり、ノーでもある。宗教法人へのチェックを求める声の高まりを受け、九五年一二月に宗教法人法が改正された。所管庁が宗教法人に報告を求め、質問ができる「質問権」が創設されたり、複数の都道府県に宗教施設を持つ法人の所管が都道府県から国に移されたりした。

オウム真理教を念頭に置いた団体規制法ができ、現在も後継団体を観察処分の対象として立ち入り検査などが行われている。宗教法人への規制はある程度、強化されたと言えるだろう。

ただ、オウム真理教を巡っては、松本元死刑囚を中心とする裁判の行方などに注目が集まる一方で、一時保護された子どもたちの存在はやがて忘れられていった。

「失われた三〇年」という言葉がある。バブル経済崩壊後の一九九〇年代初頭から続く経済の低迷を指す言葉だ。世界経済の大きな変化に気付かず、新興国の台頭やIT革命などに対応できないまま、世界における日本の地位低下を招いたと指摘されている。

だが、日本社会の「失われた三〇年」は経済だけの問題ではない。重大な事件や事故が起きたり、社会の構造的な欠陥が露呈したりしても、問題点を徹底的には検証しないまま、やがて忘れることを繰り返してきた。政治制度、原発、少子高齢化、教育など、例を挙げればきりがない。

「宗教と子ども」の問題を考える上でも、取材班は同じことを感じていた。オウム真理教の施設から一〇〇人以上の子どもが一時保護されるという異例の事態が起きたのに、十分な検証も、公的記録の共有もなされないまま、教訓は歴史の闇に埋もれていた。

旧統一教会も同じだ。一九八〇～九〇年代に霊感商法が社会問題になったものの、教団の中枢には追及が及ばず、教団は名称を変えて政治家との親密な関係を続けた。そして、高額献金などの被害が多くの家庭をむしばみ、宗教二世たちは「見えない存在」であり続けたのだ。

宗教・カルト問題に長年取り組んできた専門家は、オウム真理教事件以降の日本社会をどのように見ているのだろうか。紀藤正樹弁護士（第二東京弁護士会）に話を聞いた。

## 宗教的虐待を防ぐ新法を

紀藤正樹［弁護士］

地下鉄サリン事件当時は児童虐待防止法（二〇〇〇年施行）はなく、児童相談所は行政ができるぎりぎりの範囲で子どもたちをよく守ったと思います。サリンを生成する能力を有した集団の危険性は尋常ではなく、児童相談所の職員が命を張って子どもたちを保護したといえます。

ただ、児童相談所はプライバシーに重きを置くため、子どもたちの社会復帰の過程はほとんど公開されていません。このため、当時の対応を検証することはもちろん、将来、この題材から学ぶことも難しくなっています。子どもの保護と同時に、二度と同じような状況の子どもを作らないことが大事で、少なくとも専門家の中で情報共有する仕組みを作らないと後世に生かされません。

海外では、九〇年代には既に宗教二世問題が研究されていましたが、国内では進んでいませんでした。旧統一教会については、霊感商法を中心とするお金の問題がクローズアップされ、子どもの内心が関わる虐待の問題は取り残されてきました。

私はカルトにおける児童虐待や性的虐待に関する海外の文献を翻訳し、二〇〇七年に『カルト宗教　性的虐待と児童虐待はなぜ起きるのか』を出版し、厚生労働省にも渡しました。しかし、宗教を強制して子どもの未来を奪うことが虐待とみなされず、放置されてきたのが実態です。

児童虐待防止法は保護者からの虐待を想定しており、原則、保護者に対する調査しかできません。宗教団体によって組織的な児童虐待がなされても、組織への調査ができる仕組みになっていません。

宗教団体への不当な寄付を防ぐ救済法が二二年一二月にできたように、児童虐待防止法に加えて組織的な児童虐待を防ぐ「第三者虐待防止法」を作るべきだと思います。

行政が宗教団体を調査し、指導したり、悪質な場合は団体名を公表したりする仕組みを作らないと宗教を背景とする虐待を抜本的に減らすことはできません。全国的に活動している団体の場合は都道府県ごとの対応ではなく、国が調査できるようにしないと現実には対応できません。

既存の児童虐待防止法も改正が必要です。虐待の定義に経済的虐待を入れれば、親の高額献金などによる経済ネグレクトを虐待と位置づけて児相が介入できます。自由恋愛の禁止や婚姻の自由の制限、社会活動の制限など、憲法規範に逸脱することを虐待として位置付けることも必要です。

親の信仰でがんじがらめにされた宗教二世は教義で認められたこと以外を許されず、自分の可能性がわからないまま大人になります。大きくなって信仰をやめた後も心の傷を抱えている人が少なくありません。オウム事件でも、一時保護した子どもの記録を残し、追跡調査し、後世に生かす努力をもっとすべきでした。

安倍元首相の銃撃事件で注目された宗教二世問題を受け、厚労省は二二年末にようやく「宗教の信仰等に関係する児童虐待等への対応に関するQ＆A」をまとめ、全国に通知を出しました。

それでよしとせず、新しい法整備をしないと子どもたちを守れないと、私は考えています。

きとう・まさき◉消費者問題や宗教・カルト問題の被害回復に取り組み、日本弁護士連合会消費者問題対策委員会副委員長などを歴任。全国統一教会被害対策弁護団にも名を連ねる。

## 終わりのない「宿題」

二〇二三年一〇月一三日、盛山正仁文部科学相は旧統一教会に対する解散命令を東京地裁に請求した。高額献金や霊感商法などのトラブルに教団が組織的に関与し、宗教法人法が定める「著しく公共の福祉を害すると明らかに認められる行為」などに該当すると判断した。教団側は全面的に争う姿勢を見せており、審理が最高裁までもつれこむのは必至だ。

安倍元首相の銃撃事件に端を発した問題は大きな節目を迎えたが、たとえ旧統一教会が宗教法人として解散したとしても、ゲームのリセットボタンを押すように全てが解決するわけではない。教団の財産を保全し、被害者への損害賠償に道筋を付けられるのか。教団という「よりどころ」を失う現役信者に社会はどう対応していくのか。課題はむしろ増えるだろう。

解散命令請求について、宗教二世たちの受け止めはさまざまだ。幼少時から旧統一教会の教えを母に押しつけられ苦しんできた女性は「新たな被害者を生まないためにも解散はしてほしい。ただ、解散したからといって母が急に変わるとは思いません。一番の理想は母の洗脳が解け、私やきょうだいに謝罪し、長くない人生を（教団のためではなく）自分や家族のために過ごしてくれることです」と話す。

一方、親子三代にわたって信仰を続けている男性信者は「教会は第二の『家』なんです。教会を失うと多くの信者が虚無感にさいなまれます。それを国家が奪う資格はあるのでしょうか」と戸惑いを隠さない。

旧統一教会だけではない。さまざまな宗教団体で、人知れず信仰や家族との関係に苦しみ、自分では気付かないまま人生の選択肢を閉ざしてしまっている子どもがいるかもしれない。「宗教と子ども」の問題に向き合うことは、銃撃事件が起きた日本社会に生きる私たちに課された終わりのない「宿題」なのだ。

# おわりに

私たちは安倍元首相の銃撃事件が起きてから、「宗教二世」としての一人一人の物語に耳を傾ける旅を続けてきた。

多くの二世にとって、信仰は幼少時の記憶や、親の存在と分かちがたく結びついている。人格形成期に長い時間を信仰とともに過ごすことで、自らのアイデンティティーの一部になっている二世もいるだろう。

そうした体験を他者に語ることは、勇気が必要で、痛みを伴うことだと想像する。それでも多くの二世が私たちの質問に真摯に、誠実に答えてくれた。振り返るのもつらいであろう記憶のふたを開け、癒えない心の傷をさらけ出してくれた。

それは二世の多くが、今まで誰にも自らの苦しみを明かせなかったことの裏返しであり、同時に、自らと同じように苦しむ二世をこれ以上、増やしたくないという強い願いがあったからだと思う。私たちはその思いに背中を押されるようにして、取材を続けてきた。

一連の取材を振り返ると、改めて二世たちが受けてきた宗教的虐待の残酷さを痛感する。信仰に伴うものであるがゆえに、親はそれが虐待だと疑いもしない。むしろ救いのため、子どものためだと、かたくなに信じている。子どもはそれが虐待だと気付かないか、気付いても声を上げられず、ただ耐えている。教義は子どもの身体と精神の両方を束縛し、時には命をも脅かす。

社会の側も、憲法が定める「信教の自由」を理由に干渉することをためらい、ともすれば虐待の兆候があっても見て見ぬ振りをしてきた。子どもは家族と宗教という二重のブラックボックスの中で「見えない存在」にされてきたのだ。

一九八九年に国連で採択され、日本も九四年に批准した「子どもの権利条約」を思い起こしたい。そこでうたわれた「子どもの権利」は、子どもを大人と同じく、一人の人間として権利を持つ存在だと認めることだ。

成長過程にある子どもが未熟であり、大人による保護や指導が必要であることを踏まえた上で、条約では「思想、良心及び宗教の自由について児童の権利を尊重する」と明記されている。まず考慮すべきなのは、子どもの利益であり、子どもの自由意思なのだ。

厚生労働省は二〇二二年末、宗教を背景とした児童虐待対応の指針を初めてまとめ、全国の自治体に通知した。虐待に当たる事例を列記し、宗教が関連していても児童虐待に当たる行為があれば、一時保護などの措置が必要だとの基本的な考え方を示したものだ。

国が宗教的虐待について踏み込んだ解釈を示したのは、大きな一歩である。ただ、この指針を踏まえてもなお、宗教活動や宗教的信条の延長線上にある行為が虐待に当たるか否かの判断は難しく、児童相談所や医療機関などが対応に悩むケースは多いだろう。

国や自治体が宗教団体に対して踏み込んだ指導をしたり、立ち入り調査をしたりするためには、今の法律では不十分との意見もある。

子どもたちのかすかなSOSを社会がどのようにくみ取り、実効性のある対策につなげていくか。問われるのは政治や行政だけではない。メディアもまた、宗教団体や宗教二世を巡る報道を一過性のものにしてはならない。私たちに聞こえていない声が、まだたくさんあるはずなのだ。

最後に、多くの宗教二世をはじめ、自治体や医療機関の関係者、専門家の方々など、取材に協力していただいた皆様に深く御礼を申し上げます。また、明石書店の深澤孝之氏、閏月社の徳宮峻氏には書籍化に当たってのアドバイスをいただき、出版まで並走していただきました。この場を借りて、感謝を申し上げます。

毎日新聞カルト・宗教取材班一同

毎日新聞取材班

**藤田剛**（ふじた・つよし）
東京本社デジタル報道グループ副部長。2001 年入社。神戸市出身。和歌山支局、神戸支局、東京本社特別報道グループなどを経て、20 年 4 月から大阪本社社会部副部長。23 年 5 月から現職。

**野口由紀**（のぐち・ゆき）
大阪本社編集制作センター副部長。2004 年入社。京都市出身。川崎支局、横浜支局、東京本社社会部などを経て、21 年から大阪本社社会部。くらし担当、遊軍サブキャップなどを務め、23 年 5 月から現職。

**山田毅**（やまだ・つよし）
大阪本社社会部記者。2006 年入社。東京都出身。静岡支局、阪神支局、和歌山支局次長などを経て、21 年から現職。遊軍長、大阪府警キャップなどを歴任。

**菅沼舞**（すがぬま・まい）
大阪本社科学環境部記者。2006 年入社。大阪府出身。福井支局、大阪本社編集制作センター、京都支局などを経て、22 年から現職。科学、医療などを担当。

**宮川佐知子**（みやかわ・さちこ）
東京本社デジタル報道グループ記者。2010 年入社。東京都出身。松江支局、京都支局を経て、18 年から大阪本社社会部。平和取材、遊軍などを担当し、23 年 5 月から現職。

**森口沙織**（もりぐち・さおり）
東京本社政治部記者。2016 年入社。広島県出身。秋田支局を経て、19 年から大阪本社社会部。警察や遊軍などを担当し、23 年 6 月から現職。

**高良駿輔**（たから・しゅんすけ）
大阪本社社会部記者。2019 年入社。東京都出身。富山支局を経て、22 年から現職。遊軍、検察などを担当。

［2024 年 1 月現在］

**ルポ 宗教と子ども**

見過ごされてきた児童虐待

2024年3月10日 初版第1刷発行

編　者　毎日新聞取材班
発行者　大　江　道　雅
発行所　株式会社 明石書店
〒101-0021 東京都千代田区外神田6-9-5
電　話　03（5818）1171
FAX　03（5818）1174
振　替　00100-7-24505
https://www.akashi.co.jp

装幀　清水肇（prigraphics）
編集／組版　有限会社 閏月社
印刷　株式会社文化カラー印刷
製本　協栄製本株式会社


ISBN978-4-7503-5724-9

（定価はカバーに表示してあります）